COACHING EXISTENTIAL :
UNE QUÊTE DE SENS

Les Impliqués Éditeur

Structure éditoriale récente fondée par L'Harmattan, Les Impliqués Éditeur a pour ambition de proposer au public des ouvrages de tous horizons, essentiellement dans les domaines des sciences humaines et de la création littéraire.

Déjà parus

Franquin (Bernard), *Si tu cries dans la forêt...*, récit, 2016.

Cavarec (Yves), *L'entreprise du vivre-ensemble*, essai, 2016.

Guidoni (Georges), *Cette lumineuse rupture*, roman, 2016.

Le Boiteux (François), *Florilège imaginaire*, nouvelles, 2016.

Aclinou (Paul), *Le Vodoun : leçons de choses, leçons de vie*, essai, 2016.

Kouamé (Jean Claude), *Étrange arc-en-ciel dans le ciel africain*, roman, 2016.

Makosso-Akendengué (Léonard), *Notre frère et ami le caméléon*, récit, 2016.

Versini (Charles), *Message corse*, récit, 2016.

Chanas (Léna Léticée), *Autopsie*, slam, 2016.

Djadal-Rab (Issa Brahim), *Hymnes à une Révolution*, essai, 2016.

Ces dix derniers titres de ce secteur sont classés par ordre chronologique en commençant par le plus récent.
La liste complète des parutions, avec une courte présentation du contenu des ouvrages, peut être consultée sur le site :
www.lesimpliques.fr

Claire et Alain Calosci

Coaching existential : une quête de sens

Les impliqués Éditeur

21 bis, rue des écoles, 75005 Paris

www.lesimpliques.fr
contact@lesimpliques.fr

ISBN : 978-2-343-09106-8
EAN : 9782343091068

À nos enfants

« Nous avons deux vies : la deuxième commence le jour où nous réalisons que nous n'en avons qu'une. »

— Confucius

«Borné dans sa nature, infini dans ses vœux.
L'homme est un dieu tombé qui se souvient des cieux ;
Soit que déshérité de son antique gloire.
De ses destins perdus, il garde la mémoire ;
Soit que, de ses désirs l'immense profondeur
Lui présage de loin sa future grandeur.»

— Alphonse de LAMARTINE

«Qu'est-ce qu'une âme perdue ? C'en est une qui s'est écartée de son vrai chemin et tâtonne dans l'obscurité des routes du souvenir.»

— Malcolm L0WRY

«Nous pouvons peut-être renoncer à répondre à la question "pourquoi vivons-nous ?" mais il n'est guère aisé de surseoir à celle "sur quoi fonder notre vie ?"»

— Irvin YALOM

«La vocation de l'homme n'est pas de vivre, mais de faire quelque chose de sa vie. Son être est devant lui. À l'individu de se lancer dans une histoire que lui seul peut écrire.»

— Emilio BALTURI

Sommaire

AVANT PROPOS

«Et si c'était cela perdre sa vie : se poser les questions essentielles juste un peu trop tard ?»

— Gilbert CESBRON

Cet ouvrage propose une démarche de coaching ou développement personnel offrant un cheminement à tous ceux qui souhaitent trouver, retrouver ou donner un sens à leur vie, sans établir de séparation arbitraire entre vie professionnelle et vie personnelle.

Voilà qui peut paraître bien ambitieux et surtout bien prétentieux. Après tout, ce rôle a été dévolu jusqu'ici aux religions et aux idéologies. Mais justement, voilà que cela ne fonctionne plus, du moins plus comme avant, l'individu ayant désormais, suite à leur reflux, la lourde charge de trouver lui-même des réponses aux questions essentielles pour peu, bien entendu, qu'il n'oublie pas de se les poser, risque majeur dans notre société saturée d'informations, livrée au divertissement pascalien[1] et

1 Le divertissement pascalien est cette faculté, conceptualisée par Pascal, qu'ont les humains d'échapper à l'angoisse que produisent les questions essentielles, en essayant de les oublier dans le divertissement.

soumise à la «*quotidienneté déchéante*», ainsi que nomme Heidegger la dilution de soi dans la dispersion et l'insignifiance[2] d'existences trop immergées dans le quotidien.

> «L'homme est un être enfermé — à l'extérieur de sa cage. Il s'agite hors de soi[3]».

Nous n'avons évidemment pas la prétention de répondre à ces questions, reproche que l'on fait parfois au coaching/développement personnel quand il fixe des normes comportementales et/ou éthiques, ou qu'il se prend pour un outil d'adaptation sociale.

Bien au contraire, l'authenticité d'une démarche de coaching/développement personnel, selon nous, consiste à permettre au coaché d'y répondre lui-même, sans préjuger — ni de la part du coach ni du coaché — de la nature de ce qui va apparaître. Il ne s'agit pas, en effet, de creuser en soi-même par une démarche introspective pour chercher et actualiser un potentiel inexploité comme on creuserait pour trouver une nappe souterraine fossile vouée à terme à l'épuisement, mais de trouver une source pour laisser jaillir son Être. Non pas de trouver ou retrouver un Être ou une identité stable, une sagesse ou un équilibre, mais d'instaurer ou de restaurer un processus vital.

---

2 Insignifiance est ici utilisé dans son sens étymologique (qui n'a pas de sens, de signification) et non comme jugement de valeur.

3 Paul Valéry

« La vie est, au mieux, un processus fluide et changeant en lequel rien n'est fixé[4] ».

Notre démarche n'est donc pas basée sur l'usage d'outils introspectifs psychologiques ou psychanalytiques dont, sans en contester la pertinence et l'utilité dans une démarche thérapeutique, nous sommes convaincus qu'ils n'ont rien à nous apprendre sur notre être véritable. Bien au contraire, dans l'optique d'une quête de sens et d'identité, ils sont susceptibles de nous en éloigner en réduisant les symptômes du manque ontologique intrinsèque à l'espèce humaine à de simples manifestations pathologiques. La psychologie ne nous apprend rien sur ce que nous sommes en Vérité, elle nous permet simplement de prendre une certaine distance avec nos déterminismes.

Par ailleurs, nous n'évacuerons pas la dimension transcendantale, quelle que soit la forme qu'elle peut prendre, d'où l'utilisation, pour qualifier le type de coaching que nous préconisons, du néologisme heideggérien « existential » dont l'usage sera explicité dans les pages qui suivent[5].

---

4 Carl Rogers

5 Heidegger explique lui-même qu'on peut envisager l'existence de deux façons : soit comme compréhension de soi pour vivre, pour exister, sans se poser des questions de philosophie théorique sur ce qu'est l'être de l'existence ; soit comme compréhension de soi axée sur l'« existentialité », c'est-à-dire sur la « structure ontologique de l'existence ». http://www. universalis. fr/encyclopedie/existential/

À ce titre, nos auteurs de référence appartiennent davantage aux mondes de la philosophie, de la poésie, de la littérature et également aux textes religieux fondamentaux, qu'au monde des sciences humaines, sans toutefois que celui-ci soit totalement négligé au moins pour pouvoir identifier les fausses identités qu'invente le psychisme pour se défendre d'une trop grande «*insécurité ontologique*[6]».

Cet ouvrage, destiné tant aux coaches qu'aux coachés ou intéressés à le devenir, est divisé en deux parties: l'une relativement théorique, l'autre composée de la description de la démarche.

La partie théorique peut paraître longue et quelquefois complexe. Destinée à éclairer le «pourquoi» de la démarche pratique, elle est d'autant plus nécessaire que celle-ci peut sembler, par contraste, extrêmement simple, voire simpliste.

Ce n'est pas fortuit. La partie pratique se résume en effet à fournir une armature méthodologique minimum au coach et/ou au coaché, pour lui/leur éviter de tomber dans les effets pervers que la description détaillée d'une technique introspective standardisée pourrait provoquer, lesquels seront exposés dans cet ouvrage.

---

6 Concept de Ronald David Laing.

Le coach doit en effet se placer dans une position de « réduction phénoménologique ou transcendantale » préconisée par le courant philosophique de la phénoménologiequi :

> « Consiste en un effort pour arriver à la source de la signification du monde vécu à travers un mouvement qui fait qu'on cesse de voir celui-ci d'une manière naturelle et quotidienne pour le voir d'une manière réflexive en tant que phénomène pur ; une telle méthode implique la mise entre parenthèses de tous les jugements concernant l'existence du monde, c'est-à-dire une suspension de tout jugement à propos de celle-ci de sorte qu'on ne la présuppose pas, ni ne la nie, ni ne l'affirme[7] ».

---

7 Universalis, « RÉDUCTION PHÉNOMÉNOLOGIQUE ou TRANSCENDANTALE », EncyclopædiaUniversalis. URL : http://www. universalis. fr/encyclopedie/reduction-phenomenologique-transcendantale/

«… les tendances les plus sublimes comme les plus horribles ne sont pas les composantes d'une nature humaine fixe et biologiquement déterminée, mais les conséquences du processus social qui forme l'homme. Ce qui toutefois incombe toujours à l'homme, en dépit de toutes les empreintes qu'il reçoit des situations sociales et culturelles du monde extérieur, c'est la découverte de son vrai Soi en tant que somme de toutes ses dispositions, tel qu'il aurait pu se développer dans les milieux sociaux les plus favorables possible».

M. Boss

«Psychanalyse et analytique du dasein», VRIN, 2007

INTRODUCTION

Notre époque postmoderne nous impose de choisir nos croyances, nos vérités, notre morale, nos convictions religieuses, en bref notre identité, sans être orientés et guidés par des institutions ou tout simplement les traditions, ces cariatides désormais fatiguées et moribondes qui soutenaient jusqu'ici l'édifice de la cohésion personnelle et sociale, plaçant l'individu contemporain, selon Jean-Claude Kaufmann, devant le *«devoir de s'inventer»* et de *«construire en permanence du sens»*.

Ainsi l'individu moderne, devant ces antiques boussoles dont les aiguilles affolées n'indiquent plus aucun nord, ressemble à cet homme dont nous parle la bible, vivant dans des tombeaux et qui, ayant brisé ses chaînes, broyé ses entraves et que personne ne pouvait dompter à commencer par lui-même, répondait à qui lui demandait son nom :

— mon nom est légion, car nous sommes nombreux.

Aux vigoureux coups de boutoir donnés dans nos anciennes certitudes par ceux que l'on a appelé les maîtres du soupçon, Freud réduisant l'homme à ses pulsions sexuelles, Marx aux rapports de production économique et Nietzsche à une pure volonté de puissance avançant masquée par les oripeaux de la morale et de la religion, sans oublier Darwin qui efface la frontière entre le règne humain et le règne animal, s'est ajouté l'acide du relativisme culturel induit par la mondialisation qui a achevé le processus de destruction/dissolution des convictions partagées, qu'elles soient religieuses, politiques, idéologiques, réduisant l'individu, selon la formule de Jean Pierre Lebrun, à *«vivre ensemble sans autrui»*.

Pour autant, la quête de Sens a-t-elle disparu puisqu'elle ne semble plus emprunter les routes et les sentiers auxquels nous étions habitués ? À l'évidence non :

> L'homme ne vit pas que de pain tant il est clair que cette quête de Sens se manifeste aussi là où le pain abonde le plus : dans nos sociétés modernes repues jusqu'à l'excès.

Il en est en effet du besoin de Sens comme de l'air :

> on ne le voit pas, mais il manifeste son existence par les effets que produit son absence, à savoir l'asphyxie ; là physique, ici spirituelle.

Désorienté au sens étymologique du terme, l'être humain s'est alors tourné alors vers l'introspection afin d'être en mesure de faire des choix qui, auparavant, se devaient d'obéir à ceux de ses groupes d'appartenance, sociaux, nationaux, idéologiques, religieux.

De là l'apparition au XXe siècle de deux grands courants introspectifs : l'un tentant de répondre à la question POURQUOI suis-je comme cela? La psychanalyse, et l'autre, plus tardif, tentant de répondre à la question COMMENT puis-je devenir ceci, les thérapies comportementales.

Celle-là, longue, coûteuse, de résultats incertains et basés sur des postulats dont la scientificité, à tort ou à raison, est de plus en plus souvent contestée, s'efface progressivement au profit des secondes, plus courtes, mais dont l'efficacité reste toutefois difficile à évaluer tant du fait de la pluralité de leurs méthodes que par la modestie de leurs ambitions.

Puis est venu le coaching, reflet de la culture contemporaine de l'instantané, du rapide, de la recherche de l'efficience, appelé également développement personnel, pratique de courts termes soucieux de se démarquer d'une démarche thérapeutique bien que n'en étant souvent guère éloignée, ne serait-ce que par ses fréquents recours à nombre de ses outils introspectifs.

CHAPITRE 1

Coaching et développement personnel

Essai de définition

En dépit de l'utilisation fréquente des termes de coaching et de développement personnel pour désigner des pratiques et objectifs en apparence semblables ou très proches, il est toutefois généralement établi que le terme de coaching insiste davantage sur le « avoir-faire », ce qui implique une connotation professionnelle, et celui de développement personnel sur le « savoir-être », d'une connotation plus axée sur la vie personnelle. Toutefois cette distinction entre « savoir-faire » et « savoir-être » établit des frontières entre ÊTRE et FAIRE bien arbitraires, car le développement de l'être humain obéit à un mouvement dialectique où le « savoir-être » influe directement sur le « savoir-faire » et vice versa :

« l'homme fait, et en faisant se fait[1] ».

De fait, nous pouvons considérer que le coaching professionnel se situe plutôt dans une perspective adaptative et le développement personnel dans une

---

1 André Malraux

perspective d'épanouissement personnel, lesquelles peuvent parfois s'opposer. Une situation conflictuelle entre ces deux sphères, privée et professionnelle, est d'ailleurs souvent à l'origine des consultations de coaching et/ou développement personnel de par les tensions psychologiques qu'elle génère.

Pour ce qui nous concerne, nonobstant ces différences, nous utiliserons par commodité uniquement le terme de coaching, que nous qualifierons ultérieurement d'existential.

Est-il possible, alors, de distinguer une unité sous-jacente au foisonnement des théories et pratiques du coaching? Incontestablement si l'on considère qu'au travers des différences apparentes de pratiques et de définitions, se dégagent quelques concepts communs :

Une injonction fondamentale : changer.
Un moyen : se connaître.
Une technique : la maïeutique.
Un résultat/objectif : l'épanouissement/développement personnel, considéré comme maximisation de son potentiel, jusqu'alors bridé pour différentes raisons que le coaching est censé mettre à jour.

Un peu d'histoire autour du concept de coaching

Bien que le terme de coaching soit récent, on peut déjà en retracer la genèse dans l'antiquité à travers une phrase du poète grec PINDARE (5e siècle avant notre ère) :

«Deviens ce que tu es, quand tu l'auras appris».

L'origine de la première partie de cette injonction est souvent faussement attribuée à Nietzsche qui en revendiquait toutefois, sinon la paternité, du moins le sens, la deuxième rappelle Socrate qui avait fait sienne la devise d'un sens similaire *«connais-toi toi-même»* gravée au fronton du temple de Delphes. On doit aussi à ce dernier la maïeutique, *«l'art de faire accoucher les esprits»*, démarche qui sera reprise et développée plus tard par Carl Rogers et que l'on peut considérer comme l'essence des techniques de coaching. La notion de potentiel — *«deviens ce que tu es»* — permet également de ranger Aristote parmi les grands ancêtres du coaching, dans la mesure où il postulait que l'existence est le déroulement et le dévoilement d'une essence, donc d'un potentiel.

Cet essentialisme est toutefois ambigu, nous y reviendrons, en ce qu'il implique dès le départ une notion d'épuisement, donc de limites, et non un horizon infini de possibles, également parce que c'est un naturalisme qui évacue toute idée de transcendance et surtout parce qu'il réduit la compréhension d'un phénomène (y compris l'être humain) au cadre étroit de nos catégories mentales, c'est-à-dire à nos aprioris. Or l'essence humaine ne peut être par nature qu'inconnaissable tant qu'elle ne s'est pas déroulée complètement dans le temps (la durée), si toutefois l'existence lui en offre l'opportunité.

Ce n'est pas pour faire preuve d'érudition que nous citons ces «ancêtres», mais pour mettre en exergue le fait qu'en dépit de son apparente modernité, l'origine de la démarche de coaching/développement personnel est un prolongement de cette quête de Sens qui traverse les siècles et est constitutive de l'espèce humaine. Le coaching en est simplement une expression contemporaine, fille de la postmodernité.

Nous pouvons donc considérer, sans être trop réducteurs, que l'essentiel de la démarche du coaching repose sur ce raisonnement :

> Nos «problèmes/difficultés» ou la sous-utilisation de notre potentiel, ou encore la perte du Sens de l'existence, proviennent du fait que ne savons pas/plus qui nous sommes vraiment, que nous ne connaissons pas notre vrai Moi ou Soi qui n'aurait pu jusqu'à présent s'épanouir pour différentes raisons (souvent liées à notre histoire familiale), ou simplement parce que les institutions auparavant chargées de nous l'apprendre ne le font plus ou bien encore parce que nous récusons leurs messages.

La «guérison» viendra de la compréhension et de l'identification des *«obstacles intérieurs qui empêchent (l'individu) d'atteindre son niveau optimum de performance*[2] *»*, obstacles que nous ne pourrions découvrir que par une démarche introspective, guidée de façon maïeutique par un coach qui est censé — et prié — de ne se prendre en aucune façon pour un thérapeute ou un mentor.

Nous voyons tout de même que, dans ce raisonnement et quoiqu'il s'en défende, le coaching n'est pas très loin de la démarche psychanalytique et des thérapies comportementales en ce sens qu'il attribue à l'introspection — *déceler les obstacles intérieurs* — une place fondamentale. Une de leurs différences, en dehors de la durée relativement courte d'une séquence de coaching, étant que celui-ci traite des problèmes ou obstacles considérés comme relevant de la sphère de la «normalité», et la psychanalyse ou les thérapies courtes, de la sphère «pathologique», bien que la frontière entre le normal et le pathologique soit quelquefois bien ténue.

Or la démarche de coaching ne jaillit pas de nulle part, elle repose elle-même sur ce que l'on peut appeler des postulats philosophiques, idéologiques, voire religieux, en bref des métahypothèses, qui se réfèrent implicitement ou explicitement à des «normes» qui, bien qu'elles en affichent souvent la prétention, ne sont en rien «universelles», encore moins «naturelles», et qu'il convient de mettre à jour dans un souci d'honnêteté

2 Timothy Gallwey, célèbre coach sportif américain.

intellectuelle et morale, au risque que le coaching ne se transforme en un outil de manipulation mentale, reproche qui lui est fait quelquefois.

Qu'est-ce à dire? Les théories et les pratiques du coaching se développent à partir de deux pôles normatifs :

> l'un situé, si l'on veut, au point de départ, dans l'individu, quand elles postulent que c'est par l'introspection et la réflexivité permises par le miroir que nous tend le coach que l'on pourra découvrir ce que l'on est vraiment et/ou ce qui s'y oppose, l'autre, dans le point d'arrivée qui circonscrit le périmètre des objectifs atteignables par le coaching à des normes sociales ou culturelles, le coaching devenant alors un outil d'adaptation à celles-ci.

Nous avons donc une modélisation à prétention universelle, tant du sujet du coaching (le coaché) que de l'objet du coaching (les objectifs qu'on lui assigne), dont on peut déplorer qu'elle ne soit pas, ou rarement, sinon interrogée, au moins explicitée, au risque que le coaching ne soit finalement que le changement des chaînes qui nous entravent plutôt que la libération que l'on en attend.

Il s'agira alors d'éviter, du côté de l'individu, d'adopter une démarche analytique, cartésienne, où l'on essaie d'expliquer le fonctionnement du sujet en décomposant son passé, ce qui présuppose, d'une part, qu'il existe un fonctionnement de l'individu suffisamment universel pour que l'on puisse déduire que les mêmes causes produisent à quelques nuances près les mêmes effets chez tous les individus (postulat sur lequel repose toutefois la psychanalyse) et, d'autre part, du côté des objectifs, d'en proposer qui répondent uniquement à des normes (modèles) qui sont elles-mêmes sujettes à fluctuation selon les modes du moment, de «la dictature de l'air du temps», et qui ne peuvent non plus prétendre à l'universalité :

> par exemple, de l'épicurisme et du stoïcisme très en faveur actuellement, du culte de la performance, de l'adaptation sociale et professionnelle, de la confiance en soi, de la poursuite du bonheur, de la quête de sérénité, de la poursuite de la sagesse, etc.

La modélisation des objectifs du coaching obéit en effet, implicitement ou explicitement, à des ontologies (théories de l'existence) sous-jacentes :

> Si le coaching nous enjoint de devenir sereins, équilibrés, performants, etc., c'est donc qu'il postule par là une norme de ce que devrait être un être humain dans son essence.

Or à quelle instance objective se réfère-t-on pour décréter qu'un individu est dans sa Vérité quand il est serein ? Ou performant ? Ou équilibré ? Outre que ces adjectifs/normes présentent l'inconvénient de ne pas avoir de définition objective, ils ne se légitiment qu'en creux, pour combler un manque ressenti comme pathologique :

> Ainsi un angoissé cherchera-t-il à devenir serein, un velléitaire à devenir performant et volontaire, etc., mais, pour autant, l'un obéissant à la recherche d'un certain confort psychologique et l'autre à une adaptation sociale, recherches tout à fait légitimes par ailleurs, pourra-t-on dire qu'ils ont trouvé leur Vérité, leur Moi profond, leur Soi, leur Être véritable ?

Non, ils seront peut être «guéris», au moins provisoirement, d'une pathologie sociale et/professionnelle gênante ou invalidante, mais nous restons là dans une démarche thérapeutique soit individuelle soit sociale qui ne dit pas son nom, qui vise à compenser un mal-être et/ou un mal faire, et non à susciter une recherche du Sens, de l'Être, de la Vérité de l'individu. La recherche d'un équilibre, d'une «sagesse», la quête épicurienne et stoïcienne de rester dans le temps présent pour en jouir et d'ajuster ses désirs à l'aune de ses possibles et ses ambitions à ce que l'on croit connaître de son potentiel, peuvent alors non seulement ne pas être une panacée, mais au contraire se transformer en cautère sur une jambe de bois, qui, même s'il apporte un soulagement temporaire, peut, par la suppression ou la dissimulation, voire le travestissement de notre manque ontologique, nous dissuader de persévérer dans notre quête d'Être et ainsi en devenir un obstacle majeur.

> «Il n'est même pas sûr que se connaître ait un sens ni qu'un homme ne puisse connaître un autre homme mieux que soi-même[3]».

> «Se connaître, détour pour s'absoudre[4]».

Revenons sur ce postulat fondamental du coaching, à savoir que c'est par une démarche introspective — connais-toi toi-même — que l'on peut découvrir ce que l'on est en puissance — deviens ce que tu es —.

Va-t-on découvrir dans cette introspection, en tentant d'identifier tout ou partie des déterminismes auxquels nous sommes (et avons été) soumis, ce que nous sommes vraiment (en puissance), c'est-à-dire ce que nous devrions être si certains de ces déterminismes ne nous avaient pas empêchés de le devenir et ce que nous pourrions être si nous nous en affranchissions ?

Outre que cette conviction, essentialiste nous l'avons vu, élimine toute idée de transcendance, puisque dans cette optique nous ne serions appelés à devenir que ce que nous sommes déjà, c'est-à-dire l'actualisation de notre essence, de notre potentiel, nous pouvons

---

3 Paul Valéry

4 Paul Valéry

appliquer à cette démarche introspective les critiques formulées par Karl Popper à l'historicisme qui, bien qu'elles se situent pour cet auteur au niveau social, restent tout à fait valable au niveau individuel :

> «Qu'il me suffise de dire que j'entends par [historicisme] une théorie, touchant toutes les sciences sociales, qui fait de la prédiction historique leur principal but, et qui enseigne que ce but peut être atteint si l'on découvre les "rythmes" ou les "motifs" (patterns), les "lois", ou les "tendances générales" qui sous-tendent les développements historiques.»

Transposé au niveau individuel, cela veut dire que l'on donne à l'introspection (l'analyse du passé, forcément) un rôle prédictif selon des lois de causalité supposées universelles, démarche qui ne peut aboutir finalement qu'à ce que le futur soit la reproduction corrigée d'un passé revisité par la mémoire. Ainsi, on se rendra aveugle au «nouveau», à ce *«jaillissement ininterrompu de nouveautés»* tel que Bergson définit l'existence, parce qu'obsédé par le passé on ne laisse point advenir le futur, on ne le reconnait pas, car il ne rentre pas dans nos schémas préconçus, en bref cela ne peut pas être puisque cela n'a jamais été… Selon Baptiste Rappin, l'introspection ou

> «le décorticage de l'être humain a une fonction particulière : celle d'occulter des pans entiers de la réalité psychique et spirituelle...»

et Confucius,

> «l'expérience (le passé) est une lanterne que l'on porte sur le dos et qui n'éclaire que le chemin parcouru».

Pour nous donc, prétendre à la connaissance de soi n'est qu'une illusion dangereuse, le dévoilement et le jaillissement de notre être ne pouvant advenir qu'à la faveur d'un *«nuage d'inconnaissance[5]»*, mais, faut-il le préciser, celui-ci ne sera pas conçu comme une fin en soi, comme dans la mystique rhénane ou certaines ontologies asiatiques par exemple, mais comme un préalable, une place dégagée pour l'apparition de l'Être.

> «Le Tao que l'on peut nommer n'est pas le Tao[6]»,

et

> «Soit nous sommes déterminés par nos expériences passées et toute pathologie trouve sa cause dans le passé compris comme fini. Cela veut dire que ce que nous sommes est l'effet d'une cause originaire qu'il s'agit d'interpréter. Soit nous avons à devenir nous-mêmes, nous sommes sans cesse advenir et subjectivation, et alors "tout commence avec l'avenir[7]".»

---

5 Le Nuage de l'inconnaissance. Ce texte compte parmi les écrits mystiques anglais les plus influents. Wikipédia

6 Lao-Tseu

7 Édith Blanquet «Apprendre à philosopher avec Heidegger»

Notre lecteur pourrait objecter que c'est fixer de bien grands objectifs (la quête d'Être ou quête du Sens) au coaching qui n'est somme toute au départ qu'une technique de résolution de problèmes personnels ou professionnels. Certes, et l'on peut en effet s'en tenir là, considérant que la popularité croissante de la démarche de coaching témoigne déjà suffisamment de son efficacité quand elle reste modeste dans ses ambitions. On peut également fixer au coaching les objectifs a minima (mais également tellement ambitieux !) que fixait Freud à la psychanalyse : rendre capable de travailler et, sinon d'aimer, au moins d'améliorer son relationnel.

Mais on peut également élargir son horizon en considérant, comme nous l'avons déjà fait, qu'un «mal-être» ou un «mal faire», même exprimé dans les choses banales de la vie quotidienne, qu'elle soit personnelle ou professionnelle, peut être également symptomatique d'une perte de Sens ou identitaire.

CHAPITRE 2

Coaching existential

« L'homme peut venir à soi ou se manquer »

— Karl JASPERS

Pour notre part, c'est ce coaching à l'ambition élargie à une quête d'Être (donc de Sens) qui nous intéresse, et nous l'appellerons coaching existential. Pourquoi existential ? Il ne s'agit pas de la traduction anglaise d'existentiel, mais d'un terme utilisé par Heidegger qui fait une distinction entre l'existentiel, qui concerne ce qui se réfère à la dimension horizontale de l'individu, et l'existential qui désigne ce qui relève de l'Être, du vertical, du spirituel, du transcendant. Formulé autrement, toujours par Heidegger, c'est établir une différence entre l'ontique, qui se réfère à l'étant, et l'ontologique, qui se réfère à l'Être. Ceci est une interprétation sans doute un peu sommaire de la pensée de Heidegger, mais elle nous semble pouvoir fournir un outil conceptuel pertinent dans le cadre du coaching tel qu'il nous intéresse.

En quoi est-il intéressant d'opérer une distinction entre existentiel et existential ? Parce que faire une distinction entre ces deux niveaux, évidemment étroitement imbriqués, permet de reconnaître et de prêter à l'être humain une dimension «verticale» et ainsi de se donner la possibilité de déceler un problème existential à travers des symptômes exprimés dans le champ existentiel. Toutefois, ce n'est pas rétablir le dualisme platonicien et/ou cartésien entre la chair et l'esprit : l'existential a toujours besoin de l'existentiel pour se manifester, alors que l'existentiel peut se passer de l'existential, mais avec un prix à payer très lourd : la perte du Sens de l'existence.

Ne pas se laisser la possibilité de cette ouverture «par le haut» fait en effet courir le risque de négliger cette dimension qui peut être occultée soit par son déni, soit encore, quand celui-ci se traduit par une souffrance psychologique, par les neuroleptiques, peut-être demain par des manipulations génétiques, ou encore, et c'est une des tendances majeures de la «post modernité», dans le «divertissement pascalien» favorisé par la formidable attraction qu'exercent les médias qui nous distraient[1] et nous offrent la séduisante et mortifère possibilité de vivre par procuration.

Dans notre monde sécularisé, l'inquiétude existentiale s'exprime rarement comme telle. Elle emprunte de façon masquée les chemins familiers de l'existentiel, lesquels peuvent prendre, si cette dimension existentiale est niée, une forme extrême, somatique, voire

1 Larousse : Littéraire. Prélever une partie d'un tout; retrancher.

psychiatrique, c'est-à-dire, en termes plus familiers, peut se traduire par l'ennui, la perte de sens de l'existence, une sensation de vide, l'aboulie, la dépression, nous faire tomber sous diverses addictions avec évidemment des conséquences sur l'ensemble du champ existentiel, y compris professionnel.

« Certes, même dans les cas les plus favorables, l'homme, quand il est enfant, ne rassemble que très lentement ses modes de comportements à partir de l'épanouissement initial dans l'être parental, de l'existence à travers les parents, en un pouvoir être propre et autonome. Il est difficile d'échapper à la "mentalité" du monde commun anonyme [...], et de se tenir en dehors de la dispersion dans les choses de l'activité quotidienne. Tiré hors de la structure la plus propre de son assignation aux choses et aux autres hommes de son monde, l'homme n'existe jamais que comme un être qui fuit devant l'être soi-même responsable. Mais il est également certain que, lorsqu'il demeure en arrêt et en arrière sur le chemin d'une semblable maturation [...], l'homme est nécessairement conduit à tomber malade et à dépérir psychiquement ou corporellement. Les manifestations factuelles d'une vie pathologique inauthentique, arrêtée dans son développement [...], s'étendent alors sur une échelle, qui, d'un simple et indéterminé "malaise dans la culture" en passant par toutes les nuances des sentiments de culpabilité et d'infériorité, par les symptômes hystériques et obsessionnels, va jusqu'aux troubles corporels les plus graves. »

M. Boss

« Psychanalyse et analytique du dasein », VRIN, 2007

Masquer cette inquiétude existentiale et/ou ne pas la reconnaître comme telle, expose l'humanité à se déshumaniser en réduisant l'existence à sa seule dimension horizontale et organique, en bref à une série d'étants successifs et «insensés[1]» parce que l'Être en est d'emblée exclu.

C'est un grand apport de Heidegger que de nous avoir rappelé que l'inquiétude (ou souci/angoisse) existentiale n'est pas une pathologie qu'il faut traiter, mais une richesse que l'on doit au contraire se réapproprier, car c'est bien elle qui nous fait humains comme mémoire et témoin de notre humanité.

> «L'angoisse est la disposition fondamentale qui nous place face au néant[2]».

Or le sentiment du néant est le sentiment de l'Être en creux. L'angoisse, le souci, l'inquiétude existentiale, c'est l'Être qui frappe à notre porte pour que nous nous ouvrions à Lui. Nous parlons bien sûr ici d'angoisse, d'inquiétude, et non de stress, lequel, toutefois, s'il ne prend pas des proportions telles qu'il devient paralysant, peut être également un aiguillon pour se dépasser.

---

1 Au sens propre du terme, qui ne sont pas reliés et ordonnés par un sens sous-jacent.

2 Heidegger, «de l'essence de la vérité», VRIN 1948

«Le vide n'a pas d'autre occupation que d'organiser l'oubli de la dernière vérité, à savoir que le néant n'a pas son être sans l'Être[3]».

Il ne s'agit pas, bien évidemment, de tomber dans le travers que nous dénoncions plus haut, à savoir fixer une norme universelle d'Être que nous proposerions à tous d'atteindre, comme une sorte de panthéisme, mais bien au contraire de tracer les contours d'une démarche qui permettrait à chacun de se mettre ou de se remettre «en face» de lui-même, de «rester dans l'ouvert» selon l'heureuse formule du poète Rainer Maria Rilke, ou encore de rester dans «l'éveil» selon le terme utilisé par certaines philosophies asiatiques, afin de laisser advenir son être sans préjuger de ce qu'il sera ou pourrait être ou encore ce qu'il pourrait avoir été, ce qui serait le plus sûr moyen de l'étouffer avant de le faire naître, car c'est bien de naissance ou plus exactement de renaissance qu'il s'agit.

Avant de poursuivre, il convient de préciser brièvement, et on nous le pardonnera assez succinctement, à quelle conception de l'être ou de l'identité l'on se réfère, car cela va bien sûr éclairer tout notre cheminement ultérieur.

---

3 Heidegger

CHAPITRE 3

Les fondements du coaching existential : un peu de théorie

Pour simplifier à l'extrême, on peut distinguer trois grands courants ontologiques[1] principaux :

L'un que l'on peut qualifier d'essentialiste, où l'Être est à un état stable une fois arrivé au terme de son déploiement, un peu comme le gland qui contient le chêne tout entier a exprimé et épuisé tout son potentiel quand il est arrivé au stade adulte, sauf si les circonstances de l'existence, les déterminismes sur lesquels nous n'avons pas ou pas eu de prise ont entravé cet épanouissement. C'est un point de vue très répandu aujourd'hui, naturaliste, où la croissance et la décroissance de l'individu dans toutes ses composantes (psychologique, cognitive, affective, etc.) suit la forme de la courbe de Gausse[2] de la croissance et décroissance physiologique. Dans cette optique, la source vitale ne se situe que dans la nature, et l'action du coach visera principalement

1 L'ontologie est une branche de la philosophie concernant l'étude de l'Être, de ses modalités et de ses propriétés. Wikipédia

2 Courbe en forme de cloche.

à identifier ces «obstacles intérieurs» dont nous avons parlé plus haut et qui auraient pu entraver l'expression et l'épanouissement de cette «nature/potentiel» originels.

Le deuxième courant ontologique est un vitalisme (selon Bergson) où la vie est *«un jaillissement ininterrompu de nouveautés»,* où l'on considère l'Être comme un processus plus qu'un état, un flux *«allant de commencements en commencements qui n'ont jamais de fin»* selon l'expression de Grégoire de Nysse.[3]

Cette ontologie est assez proche des philosophies asiatiques, bouddhiques en particulier, pour lesquelles c'est le changement qui est la véritable permanence de l'être humain, tout comme elle est également proche de la philosophie d'Héraclite, philosophe grec de la fin du VIe siècle av. J.-C, qui postulait que l'Être est toujours en devenir et que «*Rien ne dure sauf le changement*» ce qu'il traduisait également par la phrase *«on ne se baigne jamais deux fois dans le même fleuve»*. Dans ce cas la source de l'être peut là aussi se situer dans la nature, mais également être spirituelle.

Enfin, la troisième ontologie suppose une transcendance dont l'être humain est le réceptacle ou le reflet, soit religieux, soit d'un Être aux attributs indéterminés (Heidegger), voire même le monde des idées platonicien. Dans cette hypothèse,

3 Grégoire de Nysse, est un théologien et un mystique chrétien.

la source vitale se situe bien entendu à l'extérieur de l'être humain dont elle crée, traverse et/ou transforme la nature selon le cas.

Ces deux dernières ontologies reposant sur le mouvement, le changement, la possibilité d'une transcendance, ont bien entendu notre préférence. Le naturalisme de la première ontologie citée plus haut exclut la possibilité d'une croissance d'être indépendante des fonctions biologiques et implique que la mort organique entraînerait alors, de facto, la totalité de l'individu dans le néant. Elle exclut que l'être humain puisse croître toute sa vie et elle est, par conséquent, à l'origine de la conviction bien répandue que «l'on ne change pas» une fois adulte, sinon à la marge, postulat que l'on ne peut évidemment pas accepter et qui va totalement à l'encontre de l'esprit du coaching tel que nous le concevons. Elle a pour corollaire la croyance bien ancrée que les facultés cognitives diminuent avec l'âge, ce que les recherches récentes dans le domaine de la cognition démentent, si toutefois on ne cesse de les solliciter.

Après ce (court) intermède philosophique, nous allons brièvement, et en faisant tout de même quelques concessions à la psychologie, décrire comment la personnalité se construit et surtout quelle est sa relation avec le Désir, pulsion fondamentale dont Spinoza a souligné l'importance, suivi en cela — entre beaucoup d'autres — par Lacan et ses disciples, dont Françoise Dolto.

La construction de l'identité ou la naissance du Désir

« Mon Dieu accordez moi la grâce de toujours désirer davantage que je ne puis accomplir. »

— Michel-Ange

« Ne demande : "Que faire ?" que celui dont le désir s'éteint. »

— Jacques Lacan

« Un jour vient où vous manque une seule chose et ce n'est pas l'objet de votre désir, c'est le désir. Il ne s'agit plus de boire, mais d'avoir soif. »

— Marcel Jouhandeau

Même quand il naît à terme, l'être humain reste prématuré, inachevé, ce que l'on appelle la néoténie. On a même pu parler du bébé comme d'un fœtus extra-utérin. Bien que Hegel fasse déjà mention de cette prématurité comme constitutive de l'espèce humaine, il a fallu attendre la fin du siècle dernier pour que la philosophie (Peter Sloterdijk, Dany-Robert Dufour...) se mette à « penser » cette particularité qui permet d'établir une frontière clairement tracée entre l'humain et l'animal que le naturalisme a tendance à effacer, ainsi qu'une nouvelle répartition des rôles entre nature et culture donnant ou redonnant à celle-ci une place prédominante dans le développement humain.

Du fait de cette néoténie, la période de construction physiologique et identitaire de l'être humain sera très longue (jusqu'à ce qu'il atteigne ce que l'on appelle le stade adulte, dont la définition reste sujette à caution et reste variable selon les cultures et les époques), période pendant laquelle il sera en situation de dépendance étroite et progressivement déclinante vis-à-vis de sa « niche » éducative et biologique.

On peut en inférer que la « néoténie », qui laisse aux apprentissages, donc à la culture, le rôle principal dans le développement de l'individu, est la trace d'une destinée évolutive. Cela implique également que l'être humain soit destiné à porter rapidement lui-même la charge et la responsabilité de son développement, ce dont son code génétique est incapable s'il n'est pas potentialisé par la culture. (Rappelons que ceux que l'on a appelés les « enfants sauvages », privés de langage et de tout apprentissage, donc de toute culture, n'ont jamais réussi à vivre bien longtemps).

Si cette prématurité humaine nous indique que le moteur du développement n'est pas le déroulement dans le temps d'une sorte de pulsion endogène et que notre base instinctuelle, contrairement au monde animal, est incapable de nous fournir des normes comportementales et surtout incapable de donner un sens à notre développement (sauf physiologique), sur quoi repose-t-il alors ?

Sur le manque.
Le manque à être.
Le manque ontologique.

Manque provoqué par notre inachèvement, notre prématurité, manque qui creuse le Désir d'être, manque qui creuse le Désir identitaire.

«Nous sommes des êtres désirants parce que nous naissons inachevés[4]».

Insistons sur le fait que ce manque ne mobilise pas notre désir uniquement pour satisfaire nos besoins physiologiques, mais également et surtout nos besoins identitaires. Notre identité ne nous est pas donnée à la naissance, sinon en creux, nous avons à la trouver, à la créer. Contrairement à une croyance largement répandue, nous ne la trouvons pas dans notre berceau comme si le corps n'avait qu'à lire notre génome pour se développer tout comme un ordinateur lit un logiciel.

Puisque notre code génétique ne semble responsable que de notre développement physiologique, comment l'être humain va-t-il tenter de combler ce manque ontologique/identitaire ?

Par la mise en route, dès la naissance, d'une compétence innée destinée à se substituer aux instincts dont nous avons vu que chez l'être humain ils ne

4 Samuel Dock

peuvent pas être confondus avec l'identité, compétence prenant la forme d'un moteur à trois temps :

(cette description est celle du modèle freudien qui fait généralement consensus, c'est pourquoi nous la citons, nous proposerons plus loin le modèle lacanien qui a notre préférence) :

- Identification à un modèle identificatoire,
- imitation de ce modèle,
- introjection (au moins de certaines caractéristiques) du modèle identificatoire, introjection dont la réussite sera fonction du feed-back, nommé également renforcement positif ou négatif, que le modèle identificatoire renvoie aux tentatives d'imitation du sujet, surtout dans la petite enfance. Notons que cette introjection est une sorte de cannibalisme (le cannibalisme ne visait pas à satisfaire la faim des cannibales, mais à s'approprier les caractéristiques et les pouvoirs de leurs victimes), et l'on peut également rappeler que l'eucharistie des chrétiens procède de la même démarche, au niveau spirituel bien entendu.

Mais l'imitation[5] n'est pas la reproduction à l'identique de ce qui est imité.

---

5 Nous saisissons l'occasion pour attirer l'attention du lecteur sur : Gabriel Tarde, un auteur d'une importance capitale, malheureusement tombé dans l'oubli et qui devrait être découvert ou redécouvert

> «En permettant une réactualisation par chaque sujet d'un capital transmis, chaque individu y ajoutera sa propre plus-value, ce qui le constituera comme Sujet. L'individu devient sujet psychologique quand il se met à employer à son propre égard, et à sa manière, les formes de conduite que les autres ont employées d'abord envers lui [...] L'intériorisation ne va pas seulement du dehors au-dedans, elle est recréation du dehors par le dedans.[6]».

Ainsi celui-ci ne sera ni le produit du déroulement interne d'une maturation génétique, ni une «tabula rasa» que le milieu va façonner à sa guise. Il sera le produit, amendé par ses propres (pré) dispositions, de ce processus d'identification/imitation[7]/introjection de modèles identificatoires qu'il est convenu en psychologie d'appeler «l'idéal du Moi».

La croissance identitaire de l'individu va être le produit de relations dialectiques et quelquefois conflictuelles entre deux instances :

le «Je désirant», sa personnalité profonde, et«les idéaux du moi» ou modèles identificatoires, disponibles/proposés et/ou imposés d'abord par sa niche

---

6 Clot Yves., Vygotski, le social dans la psychologie, Sciences Humaines N° 170, avril 2006

7 Si ce processus très puissant pendant l'enfance a été grippé par trop de renforcements négatifs, il tournera à vide pendant l'existence entière de l'individu transformant l'imitation en mimétisme.

éducative et ensuite plus ou moins librement choisis parmi ceux de sa culture ambiante. Le «Je désirant», est composé de ces «prédispositions» dont nous parlions plus haut, dont une partie peut relever d'influences héréditaires (vaste débat, qui n'est toujours pas tranché, entre l'inné et l'acquis). Ce n'est pas une catégorie psychologique, ce «Je désirant» représente au contraire ce qui est irréductible à toute définition/catégorisation de soi et hermétique à toute investigation, c'est le noyau dur de notre personnalité, ce qui demande à exister, le «Je» qui nous reste inconnu dans son essence, sinon à travers ce qu'il désire être. Nous pourrions dire, en utilisant un terme devenu bien obsolète, sans doute en raison de sa connotation religieuse, qu'il s'agit de notre Âme.

Les Moi successifs au cours de la croissance de l'individu ne seront que les étapes du développement (plus ou moins réussi) de ce «Je» par sa socialisation progressive et ses choix d'idéaux du Moi, choix qui, s'ils sont trop influencés, voire imposés par la niche éducative «désirante à la place du sujet»au détriment des choix qui seraient faits par le «Je désirant», peuvent être aliénants, car l'enfant

> «s'éprouve et s'estime lui-même d'une manière qui correspond à l'opinion de ses parents et des autres personnes de son environnement [...] Étant donné cependant que souvent le point de vue des autres ne concorde pas suffisamment avec

> la vraie constitution d'une personne, beaucoup de relations déformées se développent et se mettent en place entre les êtres humains[8] »,

ce qu'exprime également avec un brin d'ironie Vitold Gombrowicz :

> « l'homme, dans son être, dépend de l'image de lui-même qui se forme dans l'âme d'autrui, même si c'est l'âme d'un crétin ».

Au risque d'être un peu réducteurs et pour faciliter la compréhension de ce processus de construction identitaire, nous ne ferons pas de distinction entre le moi et l'image de soi. Celle-ci se forme pendant l'enfance et aura une influence déterminante sur la confiance en soi, ce qu'A. Bandura appelle « le Sentiment d'Efficacité Personnelle (SEP) », lequel impactera la majorité de nos choix personnels et surtout professionnels à l'âge adulte.

Notons brièvement qu'une bonne image de soi est une question d'équilibre :

> Si elle est surdimensionnée (ce qui représente souvent, en dépit des apparences, la surcompensation d'un sentiment d'infériorité), l'individu peut tomber dans la mégalomanie et se figer dans sa croissance identitaire. Si elle est sous-dimensionnée, il peut tomber dans des comportements de protection,

8 M. Boss, « Psychanalyse et analytique du Dasein », VRIN

de déni et d'évitement, c'est-à-dire développer des mécanismes de défense dont nous reparlerons plus loin et qui le bloqueront également dans sa croissance d'être.

Le processus d'identification/imitation/introjection est ainsi un processus de croissance, de développement de l'individu, adaptatif et évolutif, au contraire du déterminisme instinctuel du monde animal qui ne le prédispose ni à s'adapter ni à évoluer, du moins dans des proportions significatives et sur une période restreinte.

La réussite de la construction identitaire dépendra donc des renforcements (réponses) émis par le milieu à l'imitation de l'enfant, de leur cohérence dans la durée et de la prise en compte du Désir de l'enfant/adolescent auquel ses éducateurs ne devront pas y substituer le leur. Nous y reviendrons tant se joue, durant cette période capitale de croissance, le destin de l'individu.

Nous avons cité pour mémoire en le simplifiant à l'extrême, et parce qu'il fait relativement consensus, le modèle freudien d'identification/imitation/introjection où le sujet introjecte le modèle identificatoire ou certains de ses attributs.

Toutefois, sur cette base, Lacan a formulé une version de ce processus qui nous semble beaucoup plus convaincante que le modèle freudien dans lequel le sujet introjecte tout ou partie du modèle identificatoire, ce qui présente l'inconvénient majeur d'induire la disparition du sujet (le Je), car, dans cette hypothèse, son identité serait alors formatée beaucoup trop exclusivement par les influences reçues lors de sa socialisation.

Notre option pour le processus lacanien, va permettre d'expliquer l'importance que nous donnons à l'écoute/résonnance/contemplation dans notre démarche :

> «Le concept lacanien d'identification répond à un enjeu plus extrême que l'enjeu freudien puisqu'il ne s'agit plus de rendre compte de la relation entre deux termes relativement bien constitués — un moi déterminé s'identifie à un objet tout aussi défini —, mais de nommer une relation dans laquelle l'un des termes crée l'autre. Pour Lacan, l'identification est le nom qui sert à désigner la naissance d'une instance psychique nouvelle, la production d'un sujet nouveau [...] nous sommes loin du schéma traditionnel de l'identification comprise comme une transformation entre deux termes préalablement existants — A devenant B —, à présent, nous sommes devant un schéma très différent, le schéma de la causation de l'un de ces termes produits par l'autre. Tandis que Freud transplante le schéma traditionnel en le déplaçant de l'espace psychologique et tridimensionnel à l'espace inconscient, Lacan opère

en plus un double renversement : non seulement l'identification est inconsciente, non seulement elle signifie engendrement, mais encore et surtout le sens du processus est inversé. Au lieu que A devienne B — comme c'est le cas chez Freud —, c'est B qui produit A. L'identification signifie que la chose avec laquelle le moi s'identifie est la cause du moi; c'est-à-dire que le rôle actif joué précédemment par le moi est à présent assuré par l'objet. Grâce au concept d'identification, Lacan résout ainsi un problème psychanalytique majeur : donner un nom au processus psychique de constitution du moi, ou plus correctement formulé, donner un nom au processus de causation du sujet de l'inconscient [...] Loin de relier deux individus distincts, l'un devenant l'autre, l'identification se produit au contraire dans l'espace psychique d'un seul et même individu [...] les relations intersubjectives laissent la place aux relations intrapsychiques.[9] ».

Selon cette théorie de l'identification, le modèle identificatoire n'est pas introjecté, mais sert de miroir à ce qui existe déjà en creux en soi et qui resterait inconscient sans cette activité réflexive. C'est un mouvement de Soi à Soi dans lequel l'Autre joue le rôle de révélateur au sens photographique du terme. Il nous révèle alors à nous-mêmes en rendant cette image « en creux » consciente.

---

9 Nasio J. D., « Enseignement de 7 concepts cruciaux de la psychanalyse », Paris, PAYOT, 2001

> «Lacan retient un aspect qu'il considère comme un trait essentiel : le moi possède une structure paranoïaque, il est un lieu de méconnaissance; c'est-à-dire que je ne reconnais pas ce qui est en moi, je le vois dehors chez l'autre».

On retrouve cette intuition chez Pascal dans sa phrase célèbre :

> «Tu ne me chercherais pas si tu ne m'avais (déjà) trouvé».

Les «moi» successifs ne représentent, comme nous l'avons vu, qu'une phase transitoire de la construction identitaire et peuvent cesser d'évoluer et de croître en devenant «entropiques[10]» s'ils ne sont plus tirés par un idéal du moi exigeant. Vivre est donc une forme de néguentropie visant à lutter contre une «pesanteur naturelle» qui n'est autre que la conséquence d'une perte de Sens découlant elle-même de l'absence d'idéal du moi ou d'un idéal du Moi trop peu ambitieux. Le choix d'un idéal du Moi est ce qui donne — et révèle en même temps — le sens que nous voulons donner à notre vie. C'est le futur que l'on se donne qui oriente le présent, lequel est également influencé par le passé.

Ce qui signifie, et nous y reviendrons plus loin, que n'avoir pas d'idéal du Moi supprime le futur et l'espoir de donner un sens à sa vie, cela signifie également que

10 Tendance naturelle à la désorganisation, à la stagnation

si le futur n'existe plus, le présent est envahi par le passé.

Mais le *«Moi est haïssable»* nous dit Pascal. Certes, mais il ne l'est que lorsqu'il se prend pour le «Je» et qu'ainsi il cesse de devenir transitionnel alors qu'il ne doit être qu'un simple «moment» dans un processus de croissance d'être qui ne doit jamais avoir de fin.

Mais le «Je» *«est à la fois moi-même et plus que moi et pourtant toujours un autre»,* nous dit Rimbaud. Certes, puisque notre «Je», notre être, n'apparaît que lors de sa temporalisation, et, pour que cela soit possible, il ne doit pas être défini à priori et doit rester absolument «un autre», un inconnu. L'Être est un flux, et toute tentative pour le «connaître» reviendrait à réduire ce flux à un état ce qui transformerait ainsi une source en un étang d'eaux stagnantes. Nous ne «sommes» pas, nous advenons.

Ainsi la disparition d'un idéal du moi ou sa fixation à un étiage d'exigence trop bas entraine la disparition du sujet puisque cela supprime la tension, c'est-à-dire le Désir (et le sujet est Désir et n'existe que par le Désir) entre l'image de soi (le Moi transitionnel) et l'idéal du moi. Seul un idéal exigeant nous évite de tomber dans une vie végétative, dans un présent étouffant qui ne sera rien d'autre que la répétition du passé.

En effet, l’être humain n’existe vraiment que par une césure intime, une faille, qui témoigne de cette distance entre l’image de soi et l’idéal du moi. Si cette faille, cette tension, cette «inquiétude», voire cette angoisse ontologique puisque c’est de cela qu’il s’agit, disparaissent, c’est donc le Désir qui disparait et le sujet avec. Reste un «moi» calcifié définitivement à un stade de développement donné. L’être devient un état et cesse d’être un processus en croissance. L’individu se chosifie, se réifie.

«Chaque homme s'invente lui-même. Mais c'est une invention dont il ne connaît pas le terme : dès qu'elle s'arrête, l'homme se convertit en chose.[11] »

Mais si l'idéal du moi doit être exigeant pour nous tirer vers le haut, il ne s'agit pas non plus de faire preuve de mégalomanie en choisissant un idéal totalement irréaliste par rapport au champ des possibles à notre portée. Cela nous porterait à nous évader dans un monde virtuel, fantasmatique et à nous désincarner, voire à sombrer dans la mégalomanie. Toutefois, un idéal exigeant (qui se traduit forcément par un projet de vie) peut se décomposer en phases intermédiaires ascendantes et ainsi, même ambitieux, rester réaliste.

Nous avons donc vu que le Désir est notre pulsion vitale et qu'il est proportionnel au manque, celui-ci représentant la distance entre ce que nous sommes à un temps *T*, ou du moins l'image de soi, c'est à dire comment nous nous percevons, et l'idéal du Moi, le ou les modèles identificatoires qui nous révèlent à nous-mêmes.

11 Louis Lavelle

Désir et besoin

> «L'homme est une création du désir, non pas une création du besoin.[12]»

L'existentiel relève du besoin, l'existential du désir. Contrairement au besoin, le Désir est par essence illimité et c'est précisément ce qui le rend énergétique et créateur même s'il connaît des satisfactions transitoires qui ne l'épuisent pas.

> «Pour Lacan, le besoin et le désir doivent se voir sur deux niveaux. Le premier, le besoin est un héritage animal de l'Homme, qui, comme tout animal, éprouve des nécessités biologiques, vitales. Au second niveau, le désir est propre à l'espèce humaine, et ce désir va au-delà de la recherche du simple bien-être organique.[13]»

Mais pourquoi y a-t-il un risque majeur que nous ne restions pas «naturellement» désirants? Parce que le Désir vient d'un manque, il est creusé par le manque, il n'existe que par le manque (on ne peut désirer quelque chose que l'on a déjà), en tant que manque il est souffrance et qu'il y a une tendance «naturelle» de l'être humain a refusé la souffrance. Freud dit que la satisfaction de la pulsion, du désir, vise davantage à supprimer la souffrance provoquée par la tension (le manque) qu'elle suscite que la jouissance qui en est

12 Gaston Bachelard

13 Lacan, Wikipédia

attendue. Ce qui précède nous incite à nous poser deux questions :

1. Ce que nous désirons correspond-il vraiment à ce que désire notre « Je » ou ne désirons-nous que ce que désire(nt) un ou plusieurs de nos « Moi » transitoires, lesquels peuvent être des « Moi » produits d'une relation de transfert de notre milieu qui désire à notre place, ce que Heidegger appelle le « on » ?

2. Ce que nous désirons ne risque-t-il pas également de relever de la mise en route de mécanismes de défense d'une identité mal construite et de l'insécurité identitaire qui en résulte, qui génère des désirs de compensation visant à restaurer une image de soi dévalorisée aux yeux des autres (et donc des nôtres), mais qui n'ont pas de rapports réels avec notre « Je » ? Il s'agirait alors de jouer un ou des rôles, d'essayer de « donner le change », à être non pas ce que nous pourrions et devrions être, mais ce que nous voudrions être « aux yeux des autres » pour introjecter ensuite le regard qu'ils poseraient sur nous ?

L'être humain est un être social, qui apprend des autres ce qu'il ignore de lui-même et de ses possibilités d'être. Nous avons vu que la personnalité se construit par le choix de modèles identificatoires que nous puisons dans ceux que nous propose la culture dans laquelle nous baignons, véhiculée et incarnée tout d'abord par notre «niche éducative». Pour mesurer quel impact notre culture ambiante peut avoir sur notre développement personnel et mesurer comment elle peut nous «aliéner», en particulier par la question si fondamentale de notre rapport au temps et à la mort, il nous semble intéressant de comprendre le «métasystème» de notre culture postmoderne, sans jugement et sans aucune nostalgie du passé. C'est ce que nous essaierons de faire dans le chapitre suivant.

Ontologie de la postmodernité

De l'importance du rapport au temps

> «Pourquoi disons-nous : le temps passe et ne disons-nous pas avec une égale insistance : le temps arrive ?[14] ».

> «Sous la durée seulement psychologique, se lit alors une durée métaphysique, révélant l'être même des choses, non pas comme donné, déjà déployé comme dans l'espace, mais comme se faisant. La durée ainsi comprise ontologiquement est l'activité par laquelle une chose croît.[15] »

La postmoderniste, comme nous le rappelle Jean Baudrillard, prône le changement pour le changement dont *«l'activisme du bien-être, la culture de la quotidienneté»* nous fait tomber dans un temps cyclique :

> «Il (le changement) devient changement pour lui-même, sans direction, et, ce faisant, exalte le goût de l'éphémère, il devient agitation stérile.».

Pour Alain Touraine, la postmoderniste est le remplacement de la succession des formes culturelles par leur simultanéité.

---

14 Heidegger «Être et temps»

15 http://www.lemondedesreligions.fr/dyn/imprimer.php?link=/mensuel/2012/53/henri-bergson-19-04-2012-2451_188.php

L'idée de changement, de mouvement, reposait, jusqu'à notre époque postmoderne, sur la notion de progrès ; notion judéo-chrétienne jusqu'aux Lumières, mais il s'agissait alors surtout de progrès intérieur, spirituel et moral, et progrès matériel et social ensuite du fait de la sécularisation de la société. L'idée de progrès n'a plus eu alors comme but ultime le perfectionnement moral et spirituel de l'individu, mais principalement la sécurisation et l'amélioration de son environnement, d'où l'apparition des notions de bonheur terrestre, de bien-être et de cultures où le permis et le défendu (le droit) se sont substitués aux notions de bien et de mal ou du moins les ont totalement relativisées.

Ce « retournement », cette excentration de la notion de progrès hors de l'être humain, a eu et a encore des conséquences incalculables sur notre conception du sens de l'existence, notre rapport à la mort et notre conception du temps.

De nos jours, la notion même de progrès est en net reflux, seule subsiste encore la notion de progrès social, les grands conflits et génocides du XXe siècle ayant disqualifié le progrès matériel, de surcroît suspecté désormais de pouvoir attenter gravement et durablement à l'écosphère.

L'effacement des transcendances, avec le gage d'immortalité qu'elles portaient, focalise désormais l'individu sur son corps qui fait l'objet de toute son attention, d'où l'hygiénisme contemporain, le jeunisme, les efforts déployés pour lutter contre la déchéance physique et le déni de la mort.

Le christianisme a introduit un temps linéaire qui se déroule entre un début et une fin. Il s'agit d'un temps historique sous-tendu par l'idée de progrès, par opposition au temps cyclique de la postmodernité (et de certaines sociétés traditionnelles) dont le déroulement est vécu comme une dégradation ontologique et physiologique.

Le temps linéaire est directionnel, téléologique. Le temps cyclique est téléonomique. Il n'est pas situé entre un passé, un présent et un futur. Il s'agit d'un éternel présent, une juxtaposition «d'ici et maintenant» sans lien entre eux.

La postmodernité vise l'abolition du temps et de l'espace pour arriver à un éternel présent de jouissance. Le temps et l'espace ne sont pas (plus) perçus comme des vecteurs, des outils, à partir desquels on tente d'atteindre un idéal et avec lesquels le sujet rentre dans une relation dialectique conflictuelle (au sens positif) qui le construit, mais comme des obstacles à éviter et à contourner :

> La postmodernité implique la désincarnation du sujet par l'abolition du temps et de l'espace, le remplacement de l'accroissement, de la maturation et de l'intensité d'être par la jouissance immédiate.

Dans cette optique le temps n'est plus un allié, *« Une temporalité qui est tendue vers (la possibilité de) son pouvoir être le plus propre*[16] *»*, mais devient un ennemi. Au lieu de fournir « un horizon d'une infinité de possible » dans lequel et grâce auquel notre Être, notre « Je », va pouvoir se déployer, le temps va être subi et considéré comme un obstacle entre deux périodes de jouissances. Il faut alors « faire passer le temps » et non pas l'utiliser comme vecteur de croissance d'être.

Le Désir identitaire dont nous avons vu qu'il dépend d'un idéal du Moi, crée le temps, car, voulant abolir la distance entre le Désir et sa satisfaction, entre l'image de soi et l'idéal du moi, l'individu va créer des stratégies et du même coup le temps. Le manque, qui est le moteur du Désir, va exiger une action qui va s'inscrire dans la durée pour être comblé. Non pas le temps immobile, vertical qui veut précisément s'affranchir des limites de l'espace-temps, mais le temps linéaire. *« Tout commence avec l'avenir »,* nous dit Heidegger.

Le temps est la condition de possibilité de l'Être, car celui-ci n'est pas, comme dans le dualisme platonicien, une entité intemporelle et extérieure à nous-mêmes dont nous serions participants, mais il ne se dévoile qu'en se temporalisant et donc qu'en s'incarnant dans l'individu. Être et temps sont inséparables.

---

16 Heidegger

Contrairement à une vision téléologique où le « Je » est tiré vers un idéal situé dans le futur et que les conflits cognitifs et sociocognitifs révèlent et actualisent, le postmodernisme par son naturalisme :

> « je suis comme je suis », « soyez vous-même », « on ne change pas », etc.,

Supprime l'idéal du moi supprimant ainsi toute tension créatrice et abolit du même coup le temps qui est la distance qui sépare l'image de soi de l'idéal, l'état présent de l'état futur espéré. La postmodernité n'est plus dans le temps elle est dans l'instant. C'est le remplacement du Désir par le besoin. Elle célèbre le culte d'une personnalité « naturelle » dont la caractéristique principale serait de se sentir équilibrée. Or une personnalité équilibrée est celle dont le Moi n'est plus transitoire et qui se prend pour le « Je ». Cette personnalité n'est plus tirée par un idéal du Moi dans un cycle ascendant de morts et de renaissances. L'individu équilibré est un individu mort (intérieurement) si son équilibre n'est pas précaire et le prélude à un nouveau déséquilibre provoqué par la tension vers un idéal.

Écoutons l'avertissement de Freud :

> « Si donc les instincts organiques sont des facteurs de conservation historiquement acquis et s'ils tendent vers la régression, vers la reproduction d'états antérieurs, il ne nous reste qu'à attribuer l'évolution organique comme

telle, c'est-à-dire l'évolution progressive, à l'action de facteurs extérieurs perturbateurs et détournant l'organisme de sa tendance à la stagnation».

Si, un jour, les manipulations génétiques, tout comme tentent de le faire aujourd'hui les psychotropes, ou bien encore la philosophie transhumaniste[17], effaçaient cette inquiétude existentiale, nous aurions alors un monde clos, totalement horizontal parce que le manque, le déséquilibre, l'inquiétude existentiale seront interprétés comme des pathologies et qu'ils cesseront alors d'être perçus comme constitutif de l'être humain, sa richesse et le moteur de son développement, la trace de son humanité profonde. Le jour où le manque ne nous manquera plus, où nous n'aurons plus le «manque du manque», l'individu sera peut-être alors parvenu à ce stade de déshumanisation qu'annonçait un hebdomadaire, un «esprit vide dans un corps sain», nous serions totalement rentrés dans cette «ère du vide» que décrit Gilles Lipovestsky.

---

17 Le transhumanisme est un concept humain nettement philosophique, suivant un mouvement intellectuel international qui prend en charge l'utilisation des nouvelles sciences et technologies pour améliorer les capacités mentales et physiques de l'humain afin de corriger ce qu'il considère comme les aspects indésirables et inutiles de la condition humaine, tels que la douleur, la maladie, le vieillissement ou même en fin de compte la mort, http://www.aquaportail.com/definition-13008-transhumanisme.html

Or, certaines tendances actuelles du coaching/ développement personnel tendent actuellement à présenter la sérénité et la sagesse comme des buts ultimes à atteindre, ce dont témoigne l'engouement pour des versions édulcorées de l'épicurisme et du stoïcisme, mis de nos jours à toutes les sauces du développement personnel.

Cette tendance visant à l'ataraxie[18] stoïcienne et épicurienne nous semble mortifère. En effet, il ne s'agit surtout pas de réduire ses désirs ou son Désir à l'aune des possibles immédiats et de réduire l'appréciation de ses capacités ou potentiel à un étiage minimum pour effacer la souffrance de ne pas être davantage que ce que nous sommes, mais au contraire de renforcer le Désir, le vrai Désir, le Désir du «Je».

18 L'ataraxie (du grecἀταραξία/ataraxía signifiant «absence de troubles») apparaît d'abord chez Démocrite et désigne la tranquillité de l'âme résultant de la modération et de l'harmonie de l'existence. L'ataraxie devient ensuite le principe du bonheur (eudaimonia) dans le stoïcisme, l'épicurisme et le scepticisme. Elle provient d'un état de profonde quiétude, découlant de l'absence de tout trouble ou douleur. Cette notion apparaît à l'époque d'Épicure.wikipédia.

Retour à la nature, la nouvelle idéologie postmoderne

On ne compte plus, de nos jours, les injonctions à «retrouver notre vraie nature», à rester «naturels», à «retrouver nos origines», présentées comme la panacée à tous nos maux attribués à l'excès de contraintes civilisationnelles qui nous auraient «dénaturés». Où l'on voit ici, toujours vivante, la postérité de Jean-Jacques Rousseau et de ses descendants naturalistes (Piaget, Freud, etc.). Or, nous aurons beau creuser au plus profond de nous-mêmes, force est de constater que notre nature, ou la nature humaine en général, n'existe pas. L'être humain est un être de culture, dont la prématurité.

> «Force à remplacer l'équipement naturel en instincts par un équipement en apprentissages au cours d'une enfance prolongée[19]».

Le code génétique, qui prédispose, mais ne dispose pas (seule la culture dispose) se caractérise par son inaptitude à informer nos comportements et donc à donner un sens à notre vie. C'est à partir de l'inadaptation organique due à la prématurité de l'enfant (néoténie) que les processus de surcompensation vont susciter le Désir d'Être de l'individu et donc fournir l'énergie de son développement, car toujours.

19 Erny P., Ethnologie de l'Éducation, Paris, L'Harmattan, 1995

«Il doit se produire lui-même dans une querelle permanente autour de son être non déterminé[20]».

De même, selon Heidegger, l'individu est par essence perpétuellement en recherche de «soi-même» dans une quête qui n'a pas de fin.

Privés de transcendance et d'idéologies partagées, «Dieu est mort» annonçait Nietzsche qui prévoyait que la privation de transcendance annonçait de facto la mort de l'homme dans sa dimension existentiale, ne reste plus alors pour donner un sens à l'être humain que la Nature dont la définition ou plutôt les définitions sont paradoxalement culturelles puisque la Nature est un «paradigme perdu», voire qui n'a jamais existé. Ce prétendu «retour à la Nature» est une idéologie «par défaut» constitutive de la postmodernité qui imprègne les valeurs contemporaines, particulièrement dans le domaine de l'éducation avec comme conséquence mortifère la confusion entre épanouissement et spontanéité.

Puisque nous ne pouvons la définir positivement, la Nature humaine pourrait alors se définir en creux par l'universalité d'un manque fondamental commun à l'ensemble du genre humain. Le moteur du développement n'est donc pas interne comme poussée, mais externe pour combler un déficit. Dans cette optique «Être et devenir» sont identiques.

---

20 Sloterdijk

Le naturalisme de la conception d'un développement endogène fige l'individu dans un «potentiel» forcément limité alors que cette belle phrase de Spinoza :

«On ne sait pas ce que peut le corps»,

peut se traduire également comme ceci :

«On ne sait pas à priori de quoi est capable l'être humain».

Dans une vision naturaliste, génétique, l'individu se demandera (et répondra en fonction de sa prétendue connaissance de son «potentiel» qui risque de n'être que l'intériorisation du regard qu'a porté ou porte son milieu sur lui) s'il a les moyens de franchir un obstacle ou de relever un défi au lieu de se poser la question de savoir comment se donner les moyens d'y arriver sans préjuger de ses capacités, ce qui permettra précisément de les faire émerger.

Le potentiel de l'individu ne peut donc se révéler que s'il n'est pas borné par un présupposé basé sur une finitude innée, mais au contraire que dans l'absence d'à priori à son égard, «inconnaissance» qui seule laissera toujours ouverte la totalité du champ des possibles.

On peut dire que la nature de la Nature est un trou, une absence, un inachèvement. Ainsi, tout semble se passer de façon à laisser la totalité de la place à la transmission, alors que le naturalisme implique que chacun soit son propre géniteur, son propre père, par le déroulement de son code génétique.

Selon la distinction intéressante de Frankl, le naturalisme implique que l'être humain ne soit mû que par ses pulsions (téléonomie) alors que ce qui le ferait vraiment humain serait qu'il soit surtout mû par ses aspirations, c'est-à-dire un idéal du moi (téléologie).

Nous sommes donc ici aux antipodes des théories axées sur un prétendu «épanouissement naturel» de l'individu, sur la recherche d'un non moins prétendu équilibre et sur la valorisation de l'autonomie. L'être humain ne se développe et ne progresse que par la transmission et l'Autre comme miroir, c'est-à-dire l'hétéronomie, un déséquilibre créatif, une série ininterrompue de morts et de renaissances.

Mort et renaissance

> «Vivre c'est naître lentement. Il serait un peu trop aisé d'emprunter des âmes toutes faites[21] ».
> «Certains refusent le prêt (la vie) afin d'échapper au paiement de la dette (la mort).[22] »

En exaltant le présent, la postmodernité a supprimé le futur, ou peut-être serait-il plus juste de dire que c'est parce que le futur a disparu (l'idéal du moi collectif — donc culturel — et individuel) que notre seul horizon devient le présent. Selon la conception classique (aristotélicienne), le temps se décline en passé, présent et futur, si ce dernier n'existe plus, alors le passé va envahir totalement le présent qui n'en sera que la répétition, de sorte que le passé fera même disparaître le présent.

La postmodernité a également occulté la mort, puisque celle-ci, hors de toute autre perspective, devient notre seul futur prévisible qu'il convient alors d'oublier comme une fatalité fâcheuse sur laquelle nous pensons ne pas avoir de prise et à laquelle nous ne donnons aucun sens, sinon celui de l'absurde.

Or la conscience de la mort devrait pousser l'individu à rechercher, sinon ce qui est immortel (une transcendance), du moins ce qui peut lui survivre, et

---

21 Antoine de Saint Exupéry

22 D'après Otto Rank

donc à dépasser sa nature (et de ce fait paradoxalement l'accomplir), au risque de rester dans sa dimension horizontale :

> Heidegger décrit l'être humain comme un «être pour la mort» et l'existence un «entre-deux», la naissance et la mort, période qui nous serait donnée pour créer ce qui deviendra immortel, si toutefois nous ne demeurons pas dans le déni à son sujet.

Nous n'avons qu'une alternative :

> Ou nous ne sommes pas dans le déni de la mort et celle-ci devient un aiguillon, car le sentiment de notre finitude devrait nous pousser à l'immortalité, ou nous sommes dans son déni et occulter la mort consiste, en nous réduisant à notre seule dimension biologique, à ce qu'au motif que nous sommes mortels, nous refusions la possibilité d'une nouvelle naissance, et donc que nous restions en quelque sorte à l'état d'embryon. *«[...] Tous ceux qui, par crainte de la mort, étaient toute leur vie retenus dans la servitude*[23] *».*

La mort n'est mortelle que si nous la subissons, il convient donc de l'apprivoiser et de l'anticiper, c'est-à-dire de la maîtriser. La mort est la condition du changement, sans mort(s) nous ne pourrions changer et évoluer, nous ne pourrions alors pour changer et évoluer que subir celle qui nous attend inéluctablement à la fin de notre vie.

23 Saint Paul, Épitre aux Hébreux, Bible de Louis Segond

Nous parlions plus haut de renaissance. Qu'est-ce à dire ?

Nous naissons toujours deux fois : une fois biologiquement, une deuxième fois « identitairement ». La première fois par le désir de nos parents (on peut du moins l'espérer), la deuxième par notre désir personnel.

Si les progrès de la médecine et l'élévation du niveau de vie de nos sociétés occidentales limitent les risques liés à notre naissance biologique, il n'en est pas de même de notre deuxième naissance qui est beaucoup plus vulnérable, particulièrement dans un contexte postmoderniste qui se caractérise par la perte de tous les points de repère, au point que l'on pourrait parler de risques d'avortement identitaire.

Pourquoi ?

C'est une évidence, les enfants sont façonnés pendant de longues années par leur milieu familial et, souvent, au lieu de nous faire **sujets**, c'est-à-dire de favoriser la croissance de notre « Je » le plus profond, celui-ci nous fait **objets**, c'est-à-dire substitue son désir d'être à notre désir d'être, vit par procuration à travers ses enfants ou reproduit sur ceux-ci ce que les parents ont subi de leurs parents (pathologies familiales) ce qui veut dire qu'ils les « chosifient », et ceci le plus souvent en toute bonne foi, bien entendu.

Cela s'appelle des relations de transfert, car les parents vont vivre par procuration au travers de leurs enfants.

Mais, nous dit Françoise Dolto,

> «Faire advenir l'autre à la dignité de sujet ce n'est pas désirer quelque chose pour quelqu'un, mais être celui par lequel il peut advenir à son propre désir»

Il s'agit d'un désir d'être bien entendu. À cet égard on peut hasarder une définition à minima, «laïque», du bien et du mal :

> Le Bien est ce qui rend l'autre sujet, le fait exister, le Mal ce qui le rend objet, le chosifie, l'instrumentalise.

Cette définition peut s'appliquer aussi bien au niveau individuel que collectif, ce que résume bien cette phrase magnifique d'André Frossard,

> «L'Amour c'est ce qui fait exister l'Autre».

Un individu ayant une identité mal construite va toujours situer ses relations sociales et familiales dans le registre du transfert, il va chosifier l'autre, l'instrumentaliser au profit de son «petit théâtre intime» voire de sa ou de ses pathologies. L'autre va lui servir, au sens propre du terme, de «faire valoir», de compensation à un déficit narcissique. À cet égard, le coach doit veiller particulièrement à ne pas rentrer lui-même dans cette relation de transfert avec son coaché, au risque de le transformer également en objet. La profession de psychanalyste, en exigeant des analystes qu'ils aient eux-mêmes suivi une analyse, a tenté d'éviter ou du moins de limiter ce risque. Dans cet esprit, le coach doit avoir une certaine réflexivité sur lui-même et doit pratiquer vis-à-vis du coaché la «réduction phénoménologique», c'est-à-dire s'abstraire de tout à priori, de tout jugement de valeur, afin de l'aborder dans le respect de toute son altérité.

Nous posons donc comme principe qu'il y a un quelque chose qui réside en nous, en germe, qui nécessite pour venir à l'existence une deuxième naissance, que nous n'appellerons pas potentiel, celui-ci relevant de la première naissance et ayant une connotation génétique, mais dont le chemin pour le découvrir d'une part et le faire ad-venir d'autre part serait le but de l'existence, qui se manifeste par un manque ontologique et qui a pour symptôme l'inquiétude existentiale. Mais cette deuxième naissance

> «Ne se confond pas avec un événement datable, mais au contraire [...] ne cesse [...] de se produire[24]»,

ce qui suppose également que la mort ne se confonde pas avec un événement datable et subi, mais au contraire ne cesse de se produire si nous considérons que le changement, l'évolution, l'accroissement de notre être

24 Françoise Dastur

ne peut se faire que par des morts successives, un peu comme la nouvelle peau des reptiles ne peut apparaître que par la mue, la perte de la vielle peau.

Ainsi ce cycle de renaissances inverse le cycle biologique :

> Le temps n'est plus un ennemi, c'est au contraire notre meilleur allié. Nous ne sommes plus situés dans un temps objectif dont le terme inéluctable est la déchéance physique et la mort, mais nous devenons le temps et nous créons notre propre immortalité.

Il faut préciser que nous ne parlons pas ici de réincarnation, bien que ce concept de croissance d'Être à travers un processus de morts et de renaissances ne soit pas très éloigné de ce que nous voulons dire, mais avec ces différences fondamentales que, pour nous, ce cycle de morts et résurrections se déroule dans la durée non pas de plusieurs vies, mais d'une seule et qu'il est conscient et maîtrisé, ce qui n'est pas le cas de la réincarnation dans sa définition classique.

Ainsi l'objectif n'est pas d'atteindre un état «identitaire» stable, car si l'on pensait un jour être arrivé, avoir atteint son but, avoir saisi son Être, alors nous serions dans l'erreur, car c'est le chemin qui est le but et le but est de découvrir le chemin en restant toujours attentif à ne pas le perdre, car c'est découvrir et parcourir le chemin qui nous fait grandir et donne sens à notre existence. Le Sens de la vie est de chercher son Sens et non d'accepter aveuglément un Sens transmis par le « On », c'est-à-dire les « lieux communs » transmis par la culture ambiante. Nous sommes des nomades, des *« bergers de l'Être »* dit Heidegger, (et les bergers sont toujours des nomades) et cette quête d'Être ne doit jamais s'arrêter, car le plus grand danger serait alors de se sédentariser. Dans cette quête de sens, d'identité, d'Être, l'immobilisme est la perte du Désir, et la perte du Désir (d'être) est mortifère.

Alors comment allons-nous nous-y prendre pour découvrir cette source, qui, bien que cachée, obstruée depuis longtemps par nos déterminismes, notre culture, nos dénis, nos divertissements, nos neuroleptiques, nos thérapies courtes ou longues, cette « vie par procuration » que nous offrent les médias ? Source qui ne cesse pourtant de sourdre en se manifestant comme angoisse/inquiétude existentiale, ce bien précieux qui nous fait humains et que l'on tente en vain d'oublier et d'effacer parce qu'il est aussi souffrance, révélateur d'un manque dont ne nous savons pas identifier l'origine et dont nous ne savons que faire ?

CHAPITRE 4

Coaching existential : les 4 piliers

« L'avenir ne se prévoit pas, il se prépare. »

— Maurice BLONDEL

« Pour ce qui est de l'avenir, il ne s'agit pas de le prévoir, mais de le rendre possible. »

— Antoine de SAINT-EXUPÉRY

Dans l'esprit de ce qui précède, le rôle du coach n'est pas de minimiser/déplacer/occulter l'inquiétude existentiale du coaché, mais de s'appuyer sur celle-ci pour l'aider à retrouver l'authenticité de son Désir d'être en favorisant les conditions de l'écoute de son « Je désirant », de son être authentique. Et ce « Je » désirant nous désigne le chemin que nous devons emprunter.

Il s'agit alors, en quelque sorte, d'une passivité active ou d'activité passive en ce sens où le coaché est actif/acteur en créant les conditions de l'écoute, mais en même temps passif/spectateur de l'émergence en lui-même de quelque chose qui lui était jusqu'ici caché, inconnu, juste pressenti en creux, dont le surgissement suscitera son étonnement et dont la joie — et non la jouissance, car toute jouissance vise ou provoque l'extinction du Désir — témoignera de son authenticité.

Sans vouloir rentrer dans le détail d'une séance de coaching, car celle-ci devra être toujours être personnalisée et non la simple application d'une méthodologie standardisée et impersonnelle, elle s'articulera et se déroulera autour des quelques concepts clés que nous déclinerons ci-dessous.

- Chemin,
- Écoute/ouverture,
- Résonance,
- Contemplation/action.

CHEMIN

> «Le Seigneur dit à Abraham : quitte ton pays, ta famille et la maison de ton père. Puis va dans le pays que je vais te montrer, je ferai naître de toi un grand peuple[1]...»

Il est intéressant de remarquer l'engouement relativement récent pour les pèlerinages (qui ne sont plus, pour l'essentiel, spécifiquement religieux) engouement proportionnel, semble-t-il, à cette perte de Sens qui caractérise notre époque postmoderne. Cela met en exergue, même si ce n'est pas explicitement formulé par les pèlerins, le lien étroit entre recherche du Sens et cheminement, nomadisme et mouvement. Le plus important est de se mettre en route nous dit Heidegger. Le coaching existential est un pèlerinage intérieur.

Comme précisé plus haut, nous parlons de chemin dans le sens du livre de spiritualité chinoise, le Tao, *(道, dào signifiant «voie», chemin).* Le but est aussi, une fois le chemin trouvé, de ne pas le perdre, par lassitude, paresse, distraction, etc., et de ne pas s'égarer non plus sur des chemins de traverse, dans l'insignifiant.

---

1 La Bible, Genèse, 12 : 1

Mais où le chemin doit-il nous mener? Dans ce que Heidegger appelle la «clairière», Rilke dans «l'ouvert» et nous-mêmes au «Je désirant». Ce n'est pas un endroit fixe, ce n'est pas un point d'arrivée dans lequel nous nous établirions définitivement une fois atteints, c'est une direction, un Sens. Si ce «lieu» est bien en effet quelque part, sinon il n'y aurait pas de chemin pour l'atteindre, nous, ne «restons» et ne «demeurons» pas naturellement et spontanément dans l'ouvert en raison de cette «pesanteur» naturelle qui nous éloigne de la «grâce» pour reprendre une formule de Simone Weil[2]. Le chemin est donc cette distance que nous avons à parcourir quotidiennement parce que la pesanteur de notre «nature» nous éloigne chaque jour de cette «clairière».

> «Tant que tu ne cesseras pas de monter, les marches ne cesseront pas; sous tes pieds qui montent, elles se multiplient à l'infini[3]».

Il ne faut avoir le chemin ni derrière soi, c'est-à-dire qu'à partir d'une résonance passée nous cesserions d'écouter et nous avancerions selon ce que nous croyons en savoir à partir de cette intuition première, ni davantage l'avoir devant soi, c'est-à-dire anticiper ce qu'il est sans écoute régulière pour savoir si l'on est toujours sur le bon chemin. Seule l'écoute permanente permet

2 «La Pesanteur et la Grâce» Simone Weil

3 Franz Kafka

de cheminer en restant dans l'ouvert, la « clairière », car nous nous en éloignons « naturellement ». Dans un paradoxe apparent, il nous faut donc marcher pour « demeurer » alors même que le verbe demeurer implique l'immobilité.

Mais c'est tout simplement combattre la pesanteur pour demeurer dans la grâce lutter contre le « dévalement » de sa vie, terme qui, pour Heidegger, signifie un éloignement du centre de soi-même que l'on perd de vue et duquel il faut sans cesse tenter de se rapprocher.

Pourquoi faut-il être nomade, cheminer sans cesse, pourquoi le but est le chemin et non un but en soi que l'on finirait par atteindre ? Parce que si nous finissions par atteindre le but nous ne cheminerions plus comme le dirait Monsieur de La Palice, ce qui signifie que se mettre en route, cheminer, chercher est beaucoup plus important que d'arriver quelque part.

« Dieu se donne en se retirant » disait Jean Grosjean, un écrivain chrétien, et Heidegger dit sensiblement la même chose en parlant de l'Être. S'il se donnait au terme d'un parcours balisé, nous ne le désirerions plus, nous ne le chercherions plus, nous « possèderions » l'Être, nous en jouirions c'est-à-dire que nous le chosifierions, ce qui signifie que c'est bien la recherche, le mouvement, le nomadisme qui est le plus important. Chercher est plus important que trouver, se mettre en route est plus important que d'arriver.

Prenons un exemple un peu trivial : on prétend que pour faire avancer un âne, il suffit de mettre une carotte ou une botte de foin au bout d'une perche placée devant le museau de l'animal. Ainsi, lorsqu'il avance, la carotte recule, ce qui le pousse à avancer, mais, évidemment, s'il arrivait à l'attraper il s'arrêterait. La carotte est à la fois présence et absence au même moment et c'est cette dialectique présence/absence, ce moteur à deux temps qui le fait avancer.

L'Être (notre «Je désirant»), c'est la carotte de l'âne, ce n'est pas une présence constante, un invariant, une idée platonicienne, mais au contraire, s'il se donne en se retirant c'est pour qu'on le cherche et qu'en le cherchant on le crée. En effet, nous ne sommes pas des réceptacles vides qui devraient être remplis de l'Être, ce qui nous ferait disparaitre comme sujets et nous immobiliserait dans notre recherche, mais ses co-créateurs.

> «L'identification de l'être et de l'acte nous permettra de définir notre être propre par la liberté. Nous créons notre personne spirituelle comme Dieu crée le monde[4]».

Encore une fois si nous pensions avoir trouvé définitivement notre Être nous serions dans l'erreur, tout ce que nous pouvons trouver c'est le sens vers lequel le chercher et, ce faisant, le co-créer.

---

4 Louis Lavelle

ÉCOUTE/OUVERTURE

«Pour la grande majorité des êtres humains, cette question (de l'Être, du sens de l'existence) surgit “à des moments de grand désespoir, lorsque les choses perdent leur consistance et que toute signification s'obscurcit”. Elle peut encore s'éprouver en de brèves visions d'un éclat essentiel, lorsque la discrimination sensorielle perce l'apparence des choses. Mais dans la plupart des cas, cette question ne nous touchera qu'une fois, comme le son amorti d'une cloche qui résonne en notre vie et se perd de nouveau peu à peu[5]».

Écouter et retrouver le chemin sont indissociable, car seule l'écoute permet de trouver le chemin, de même qu'il faut inscrire l'écoute dans la durée afin de ne pas le perdre. Le chemin est comme l'étoile des mages, cette lumière fragile et fugace dans le ciel qui requérait toute leur attention pour suivre la route qu'elle leur indiquait et pour qu'ils puissent ainsi se diriger vers la crèche ou encore comme les balises guident ou plus exactement permettent aux bateaux de «tirer leur chemin», chaque balise étant suivie d'une autre.

Le coaching existential consiste donc à créer les conditions de l'écoute, laquelle est d'autant moins spontanée et facile que nos mécanismes de défense psychologiques, sur lesquels nous reviendrons, y mettent des filtres puissants qui la troublent.

---

5 George Steiner «Martin Heidegger», Champs essais Flammarion

On ne compte plus dans les grandes spiritualités, les exhortations à écouter :

- *(«Écoute [Ô] Israël»)* est la prière centrale des offices matinaux et vespéraux dans le Judaïsme.

- *«Écoute, mon fils les préceptes du maître et tends l'oreille de ton cœur»* est le début de la règle de Saint Benoît qui a façonné la spiritualité occidentale.

- *«Si l'homme a deux oreilles et une bouche, c'est pour écouter deux fois plus qu'il ne parle.»* — Confucius.

- *«L'écoute est la première partie de l'instruction du Dharma. Le recueil qui consigne les enseignements du Bouddha, "grâce à l'écoute, vous connaîtrez le Dharma ; grâce à l'écoute, vous parviendrez à vous abstenir de toute action négative, grâce à l'écoute, vous pourrez abandonner les activités insignifiantes, et grâce à l'écoute, vous obtiendrez la libération"».* L'Uttanavarga, recueil qui consigne les enseignements Bouddha.

- *«Ah ! si mon peuple m'écoutait…»* Bible, Psaume 81.

- *«Parler ce n'est pas en même temps écouter ; parler est avant tout écouter»* — Heidegger.

Nous pourrions ainsi évoquer bien d'autres citations, dont celle-ci :

> «les pensées qui mènent le monde arrivent sur des pattes de colombe[6]»,

mais nous allons les clore sur une belle histoire que nous raconte la Bible à propos de la manifestation divine (théophanie) à travers l'expérience d'Élie, un prophète :

> «Le Seigneur dit : "Sors et tiens-toi sur la montagne devant le Seigneur, car il va passer." À l'approche du Seigneur, il y eut un ouragan, si fort et si violent qu'il fendait les montagnes et brisait les rochers, mais le Seigneur n'était pas dans l'ouragan; et après l'ouragan, il y eut un tremblement de terre, mais le Seigneur n'était pas dans le tremblement de terre; et après ce tremblement de terre, un feu, mais le Seigneur n'était pas dans ce feu; et après ce feu, le murmure d'une brise légère[7]».

Et le Seigneur était bien dans cette brise légère, presque inaudible, qui demande à la fois un effort pour prêter l'oreille, mais également, et c'est sans doute le plus difficile, un effort pour ne pas anticiper la forme que pourrait prendre cette théophanie, ce qui nous exposerait au risque de ne pas y prêter attention.

---

6 Nietzsche

7 La Bible, premier livre des Rois

Écouter est actif. C'est pratiquer une ouverture dans nos convictions, nos croyances, nos certitudes auxquelles nous devons mourir sans cesse. C'est une préparation pour entendre. Écouter demande d'abord de faire le silence, de faire un tri dans les bruits, de faire attention, c'est une activité qui mobilise bien davantage que le sens de l'ouïe. C'est également retrouver *«un esprit d'enfance»*, c'est-à-dire ne pas prétendre connaître à l'avance ce que va produire l'écoute, ne pas anticiper ce que l'on va entendre, au risque de ne pas prêter attention à la brise légère parce que nous anticiperions un ouragan ou un tremblement de terre.

Mais présenter l'écoute ainsi peut laisser supposer qu'il suffit de faire le silence et de «s'écouter», dans une sorte de plongée intérieure, selon ce que de nombreuses techniques de méditation nous proposent.

Nous risquerions, alors, soit de tomber dans le vide et ne rien entendre, soit n'entendre que ce que nous voulons entendre et ne guère avancer.

Il convient d'être précis :

> Ce n'est pas parce que nous ne préconisons pas la méditation dans le cadre de notre démarche que nous contestons les indéniables bénéfices psychologiques et physiologiques qu'elle procure, mais, comme nous l'expliquerons plus loin, nous faisons une distinction nette entre méditation et contemplation et seule celle-ci nous intéresse ici.

On ne peut se contenter de créer les conditions pour une écoute intérieure en se débranchant de l'extérieur pour le réduire au silence. Nous avons besoin de l'extérieur puisque c'est l'extérieur qui va nous apprendre par résonance/miroir ce que nous sommes vraiment et que nous ne pouvons apprendre autrement. Rappelons-nous :

> « [...] je ne reconnais pas ce qui est en moi, je le vois dehors chez l'Autre.[8] »

Ce que nous appelons faire silence sera surtout l'élimination ou la réduction de l'envahissement de nos vies par l'insignifiant, la fuite dans le « divertissement » et la dispersion si bien favorisée par l'emprise des médias sur nos esprits, ainsi que l'effort pour consacrer un temps quotidien minimum pour cette écoute.

---

8 Lacan

RÉSONANCE

«Entendre est inséparable de vibrer[9]».

Comment faut-il alors pratiquer l'écoute? Tout d'abord il convient de préciser que l'écoute n'est pas une fin en soi, mais un moyen. Elle nous permet d'entendre la résonance que produit à l'intérieur de nous-mêmes cet Autre qui va nous servir de miroir.

Pour décrire ce qu'est la résonance, nous nous référerons à la définition du Larousse :

«Ce qui provoque une réponse chez quelqu'un, ce qui l'émeut»

Nous parlons donc ici, d'une part, d'une réponse et d'autre part, d'une émotion.

Ce qui va provoquer une résonance, une émotion, peut être un texte, un livre, un poème, une œuvre d'art, une époque ou un personnage historique, un film, un projet, pas seulement ce qui est contemporain, mais tout ce qui subsiste de beau et de grand dans la mémoire de l'humanité — à cet égard la mondialisation ouvre nos horizons à l'infini —à condition bien sûr que l'on sorte de la «tyrannie du nouveau», du «moderne», qui n'accorde du crédit qu'à ce qui est récent[10] (sans tomber non plus

9 Heidegger, «Être et temps»

10 À part les sciences «dures» qui n'avancent que cumulativement,

dans l'excès inverse qui consisterait à rejeter tout ce qui est «moderne»).

Toutefois, parmi ces sources de résonances possibles, le langage en général et la poésie en particulier, tiennent une place particulière :

> «Le langage est la maison de l'être[11]»,
> «Au commencement était le Verbe[12]»,
> «Mais les poètes seuls fondent ce qui demeure...[13]»

Exprimé de façon humoristique...

> «Ce n'est pas la station debout permanente qui a séparé l'homme du singe, c'est la poésie. Un jour, un velu à front bas, cessant de se gratter les aisselles, a grimpé sur un rocher et, indifférent aux barrissements des diplodocus, en bas, a chanté : Le vierge, le vivace et le bel aujourd'hui[14]».

---

de façon linéaire, la philosophie, la spiritualité, les sciences dites sociales n'ont rien à voir avec une progression chronologique. Platon n'est pas obsolète parce qu'il a 2500 ans, sur le fond sa quête de sens — c'est ça la philosophie — est la même que la nôtre, formulée toutefois dans un langage propre à son époque, mais il peut nous interpeller tout autant que Sartre ou n'importe quel philosophe contemporain. De même, une religion n'est pas supérieure à une autre parce qu'elle est apparue plus tard dans l'histoire.

11 Heidegger

12 Prologue de l'évangile selon Saint Jean

13 Hölderlin

14 Charles Dantzig, Dictionnaire égoïste de la littérature française

Et encore...

> «On dit que l'homme possède la parole par nature. L'enseignement traditionnel veut que l'homme soit, à la différence de la plante et de la bête, le vivant capable de parole. Cette affirmation ne signifie pas seulement qu'à côté d'autres facultés, l'homme possède aussi celle de parler. Elle veut dire que c'est bien la parole qui rend l'homme capable d'être le vivant qu'il l'est en tant qu'homme. L'homme est homme en tant qu'il est celui qui parle[15] ».

Ce qui résonne quand nous nous mettons en position d'écoute, cette émotion, nous indique donc le chemin de l'authenticité, de notre «Je» désirant sous réserve d'identifier, parmi ces résonances, celles qui relèvent de mécanismes psychologiques de défense. Il y aura là un gros travail de discernement de la part du coaché et du coach.

En effet, si l'écoute permet, grâce à la résonance, d'avoir une indication sur le chemin, il convient de ne pas se tromper en confondant le désir du «Je» avec les revendications identitaires des Moi inauthentiques, ceux-ci étant le produit de relations de transfert pendant l'enfance. Nous y reviendrons plus loin.

---

15 Heidegger

GAN YING : PRINCIPE DE RÉSONANCE

« "Résonance" est un principe central de fonctionnement du cosmos tel que conçu par le Huainanzi "traité taoiste du début des Han", IIe siècle av. J.-C. L'expression elle-même signifie "stimulus" (Gan) et "réponse (Ying)".
La capacité d'une chose à influencer une autre est appelée en chinois "Gan Ying" traduit généralement par résonance.
D'après Ted J. Kapchuck, le Ki (énergie primordiale) permet la connexion à tout être. Ki est le dénominateur commun de toutes choses du minéral à l'homme. Le Ki permet à tous les phénomènes de maintenir leur cohésion, de croître et de se transformer en d'autres formes. L'action de résonance est aussi apparente. Si le Ki est le lien, la résonance est la méthode. Fondamentalement, "Gan Ying" est un processus d'interaction dynamique qui transcende les limites du temps, de l'espace et la causalité linéaire ordinaire. Grâce au mécanisme de résonance, un événement en un seul endroit (le stimulus) produit simultanément des effets à un autre endroit (la réponse) même si les deux phénomènes n'ont aucun contact direct aux mécaniques spatiales. La notion de résonance sous-tend la notion de réciprocité par sympathie. C'est l'état "syntonique" qui permet un échange d'information entre les systèmes[16] ».

16 http://www.pierres-d-eveil.fr/8.html

CONTEMPLATION/ACTION

> «Ainsi, celui qui perçoit la vérité par un acte de contemplation se trouve placé d'emblée au-dessus de toutes les raisons.[17] »

Est-il encore utile de rappeler la place que la contemplation occupe dans tous les grands courants spirituels ?

Une fois identifié ce qui a produit une résonance, il convient alors de «contempler» ce qui a produit cette résonance, et surtout sans chercher à «comprendre» pourquoi et comment nous résonnons à tel ou tel stimuli. Plotin évoque l'état contemplatif comme un *«contact ineffable et inintelligible, antérieur à la pensée[18] ».*

Voilà exactement ce que nous dit Plotin selon Gilles Deleuze :

> «Toute chose se réjouit, toute chose se réjouit d'elle-même, et elle se réjouit d'elle-même parce qu'elle contemple l'autre. Vous voyez, non pas parce qu'elle se réjouit d'elle-même. Toute chose se réjouit parce qu'elle contemple l'autre. Toute chose est une contemplation, et c'est ça qui fait sa joie. C'est-à-dire que la joie c'est la contemplation remplie. Elle se réjouit d'elle-même à mesure que sa contemplation

---

17 Louis Lavelle

18 Ennéades, V, 3,10

se remplit. Et bien entendu, ce n'est pas elle qu'elle contemple. En contemplant l'autre chose, elle se remplit d'elle-même. La chose se remplit d'elle-même en contemplant l'autre chose. Et il dit : et non seulement les animaux, non seulement les âmes, vous et moi, nous sommes des contemplations remplies d'elles-mêmes. Nous sommes des petites joies.[19] »

Nous avons déjà précisé qu'il s'agit de contemplation et non de méditation. Cette nuance est importante. La contemplation consiste à s'effacer devant ce qui est contemplé, à pratiquer ce que l'on appelle « la réduction phénoménologique[20] », alors que la méditation fait courir le risque que nous contemplions avec l'intellect plutôt qu'avec le « cœur » ou nos tripes, c'est-à-dire que nous ne faisions que mobiliser le cognitif (ce que l'on appelle improprement l'intelligence qui est également confondue à tort avec le quotient intellectuel) qui, par définition, renvoie toujours au déjà connu, au déjà ressenti, au déjà pensé. Il faut au contraire se laisser « saisir » par ce qui est contemplé et non pas le « saisir » en le faisant rentrer dans nos catégories mentales.

Depuis Descartes, on suppose en effet que c'est le cognitif, la pensée qui mobilise l'action, quelle qu'elle soit, selon un syllogisme qu'il n'a évidemment jamais formulé ainsi, mais qui est implicite à sa célèbre formule :

---

19 Gilles Deleuze

20 Voir définition plus haut

«je pense donc je suis»
«Je suis donc j'agis» d'où «je pense donc j'agis».

Or ce n'est pas comme cela que cela se passe, la pensée n'est pas la source de l'agir. Spinoza, l'un des premiers nous l'a dit :

> L'être humain n'est pas un être de connaissance, mais de Désir.

Il visait ainsi à éliminer le dualisme cartésien entre le domaine du sensible et celui de la pensée et à placer celui-là en amont de celle-ci.

C'est donc le désir qui vient en amont, ce que l'on appelle le conatif. Le cognitif vient en aval et seulement s'il est mobilisé par le conatif. Renversons donc la proposition de Descartes et faisons dire à Spinoza : «je suis donc je pense».

> «L'homme n'est pas un être de connaissance, mais un être de désir. Spinoza l'affirme nettement à plusieurs reprises [...] : "L'essence de l'homme est le désir." Le fondement (et le sens) de ce désir est à la fois naturel, intelligible et actif : c'est l'effort pour persévérer dans l'être. Il y a là un dynamisme et non pas, comme le dira injustement Nietzsche qui est pourtant l'héritier de cette doctrine, une passivité végétative destinée à se conserver, une sorte d'instinct de conservation. Bien au contraire, l'effort pour être et le désir qui

le signifie ou l'exprime sont un mouvement vers l'accroissement de la puissance ; non pas certes de la domination, mais de la puissance d'exister, et du pouvoir d'affirmation. Spinoza renverse encore une fois l'ordre des termes : ce n'est pas pour connaître que l'homme désire (comme chez Platon) ; c'est pour déployer son désir (c'est-à-dire son existence affirmative) que l'homme s'efforce d'imaginer ou de connaître[21] ».

Après que l'écoute a produit une résonance qui nous indique une direction, après avoir discerné s'il s'agit bien d'une résonance de notre « Je » et non de nos « Moi » de défense, il conviendra, selon l'expression convenue, de « rester à l'écoute », de ne pas perdre de vue l'étoile des mages, les balises. Une résonance nous indique un chemin, voire le plus souvent une trace, un sentier, mais, pour autant, il ne faudra pas, comme nous l'avons dit, se sédentariser : l'écoute doit être permanente, la bonne direction du chemin vérifiée en permanence.

Comment ?

Il faut contempler ce qui a provoqué cette résonance comme les bouddhistes tibétains utilisent le Mandala[22], la spiritualité chrétienne la contemplation des écritures, d'autres la visualisation créatrice et cela sur une base

21 Misrahi R., Spinoza et spinozisme, Encyclopédie Universalis 2004

22 Le mandala est un support de contemplation bouddhiste.

quotidienne, qui n'a pas besoin d'être longue, mais seulement régulière, de préférence en début de journée.

«Chateaubriand, dans un conte pour enfants, résume la contemplation à l'aide des trois verbes : regarder, aimer, ressembler. Victor Hugo dans son recueil de poésies Les Contemplations voit dans la contemplation une porte vers le bonheur, l'amour, le souvenir...

L'écrivain-philosophe autrichien Robert Musil en a fait le thème profond de son livre "l'Homme sans qualités". La contemplation n'est pas, pour cet auteur, simple opposition à l'action. C'est une attitude qui consiste, en fait, à modifier sans arrêt ses propres points de vue sur le monde[23] ».

Nous pourrions réécrire ainsi la citation de Chateaubriand *«regarder, aimer, ressembler»* par *«écouter, contempler, ressembler,»* tant nous devenons ce que nous contemplons, non pas par transfert (cf. le passage sur la construction de la personnalité selon Lacan), mais parce que quand nous contemplons ce qui a produit une résonance, ceci nous génère ou plus exactement nous régénère en ce sens que cela fait revenir ou venir à la conscience ce qui était en nous et que nous ignorions jusqu'à ce que cette résonance nous l'apprenne.

---

23 https://fr.wikipedia.org/wiki/Contemplation

Voici un exemple très intéressant de «résonance»/ contemplation que nous empruntons à Philippe Sollers :

> «J'ouvre donc Hölderlin[24]. Je lis, je relis et je suis envahi d'une stupeur immense. Je relis encore une fois, me voilà de plus en plus étonné. Je relis une nouvelle fois, j'essaie autant que possible de ne pas m'interposer entre ma lecture et moi, et soudain le monde, qui me paraissait voué à une fermeture définitive, se déploie. Je sens tout de suite que je n'en aurai jamais fini, pas plus qu'avec les Illuminations de Rimbaud. Je vais donc m'isoler et lire encore et relire, non pas des textes à proprement parler, bien qu'il s'agisse aussi de cela, mais un effet de respiration, de rythme et d'air qui, ici même, dans une mégapole informatisée et très encombrée, au milieu de cinquante écrans de télévision surchargés, au milieu de mille ordinateurs ne cessant de crépiter, va me dire qu'après tout j'existe.[25]»

(Passages soulignés par Sollers)

---

24 Friedrich Hölderlin (1770-1843) est un poète et philosophe de la haute période classico-romantique en Allemagne.

25 Philippe Sollers, Illumination à travers les textes sacrés, folio

Comment pourrait-on interpréter ce texte ?

«... stupeur immense» : résonance

«... soudain, le monde, qui me paraissait voué à une fermeture définitive, se déploie.» : «l'ouvert», la clairière, l'Être, le «Je désirant» se dévoilent

«... j'essaie de ne pas m'interposer entre ma lecture et moi» : réduction phénoménologique

«... lire encore et relire» : contemplation

«... va me dire qu'après tout j'existe» : ce que je contemple me révèle à moi-même, me fait exister

Nous voyons également avec le texte de Philippe Sollers, que la contemplation doit aussi prendre la forme de la répétition surtout si ce que nous contemplons est du texte, de la parole, répétition que Marcel Jousse appelait «manducation de la parole».

Un rythme quotidien est important : si l'on se perd toujours en conjectures sur le rôle du sommeil, on peut, sans grand risque de se tromper, en inférer au moins qu'il s'agit d'un facteur évolutionniste : le matin nous avons regagné en partie une certaine virginité cognitive permettant de nouveaux apprentissages, due au nettoyage opéré par le sommeil sur la mémoire courte, nettoyage qui est censé ne garder que l'essentiel, c'est-à-dire ce qui dure, qui ne subsiste que par la répétition, laquelle favorise le passage de la mémoire courte dans la mémoire longue.

Il est intéressant de saisir cette occasion pour préciser que le rôle de la mémoire n'est pas d'accumuler indistinctement, mais au contraire de trier. L'hypermnésie, que l'on présente souvent comme une preuve d'intelligence, est une pathologie : c'est l'envahissement du présent par le passé quand précisément l'on n'a pas de futur.

Ne subsiste alors dans la mémoire, que ce qui sera réactualisé chaque jour, le reste qui n'aura pas subi l'ascèse de persévérance et de la ténacité quotidienne, dans la contemplation (et en amont dans l'écoute permanente) sera effacé comme des scories. Ainsi par cette contemplation, la création (la révélation) de l'intérieur par l'extérieur (contemplation) et la recréation de l'extérieur par l'intérieur (action) nous fait devenir ce que nous contemplons, non pas comme des clones, mais avec cette plus-value apportée par le «Je» dans cette subtile alchimie : écouter, entendre, résonner, contempler, devenir.

«Rien de plus original, rien de plus soi que de se nourrir des autres[26]».

Mais il faut rester nomades avons-nous dit : quand ce qui a produit cette résonance ne résonne plus, si l'on peut s'exprimer ainsi, cela veut dire qu'elle a rempli sa mission, que l'image de soi a atteint l'idéal du moi et qu'alors on ne progresse plus. Ou alors que l'on est

26 Paul Valéry

plus en situation de percevoir «le murmure d'une brise légère».

Il faut alors reprendre son bâton de pèlerin et trouver une nouvelle étoile qui nous mènera sur un autre chemin ou encore plus loin sur le même chemin, comme nous l'avons déjà cité, par *«des commencements en commencements qui n'ont jamais de fin.»*

CHAPITRE 5

Chemins de traverse

Comme nous l'avons précisé plus haut, notre propos ne concerne pas particulièrement la sphère professionnelle même s'il ne l'exclut pas. Toutefois, considérant la profonde dévaluation de la valeur travail dans la postmodernité, nous ne pouvons-nous dispenser de citer le travail comme champ privilégié de possibles permettant l'épanouissement de l'Être, de l'individu créateur, surtout si l'on prend la fécondité (quelle qu'en soit le champ d'expression) comme le meilleur indicateur d'épanouissement de son être.

De même, nous avons mentionné que nous nous interdisions le recours aux outils introspectifs considérant que ceux-ci ne nous apprennent rien sur nous-mêmes. Nous ferons quand même mention des mécanismes de défense psychologiques qui nous empêchent d'évoluer et figent notre développement personnel.

LE TRAVAIL

«N'espère rien de l'homme s'il travaille pour sa propre vie et non pour son éternité.[1]»

Le coaching existential doit permettre, ou du moins contribuer, à trouver ou retrouver un Sens à sa vie. Cette démarche ne se limite pas uniquement à la vie personnelle, mais inclut la vie professionnelle et doit même effacer la frontière qui les sépare souvent, tant, comme nous l'avons dit, l'être et le faire se confondent et s'enrichissent l'un, l'autre.

Être c'est faire, c'est agir. Nous avons déjà cité Malraux *«l'homme fait et en faisant se fait»*, Bergson quant à lui définissait l'essence de l'être humain comme homo faber ou encore Hegel : *«L'homme n'est rien d'autre que la série de ses actes[2]»*. Nous sommes ce que nous faisons, la contemplation est un préalable à l'action et non une fin en soi et la contemplation et l'action se nourrissent mutuellement. On ne peut écarter le pan essentiel de notre existence qu'est la vie professionnelle et réserver notre réalisation/épanouissement à la sphère privée au motif que le travail peut être contraignant et à ce titre source de souffrance et d'aliénation.

---

1 Antoine de Saint Exupéry

2 Hegel Friedrich

Sans vouloir généraliser à outrance, on peut dire que la valeur travail, particulièrement en France, a été beaucoup dévalorisée, sans doute par la subsistance, quasiment unique en Europe, d'une vision des rapports professionnels comme champ privilégié de la lutte des classes et d'une mauvaise lecture de Marx à qui l'on fait dire, à tort, que le travail aliène le travailleur alors qu'il ne pensait l'aliénation que dans le salariat et la division des tâches. Bien au contraire, il voyait dans le travail un *«processus de fertilité vitale*[3] *»* et de socialisation.

Sur cette base, on a commis une erreur de cible dans le fait de vouloir réhabiliter l'entreprise au lieu de la valeur travail. L'intention était louable, mais il ne semble pas que cela ait produit les résultats espérés quant à l'épanouissement et la motivation du travailleur.

Or le travail peut être un champ privilégié de déploiement de l'être si on le considère comme une œuvre, selon la distinction intéressante qu'Hannah Arendt opère entre œuvre et travail. Dans cette optique, le travail n'est plus seulement destiné à libérer l'être humain de la précarité, l'œuvre n'est plus seulement le produit du travail, mais elle contribue au développement personnel du travailleur. Dans un mouvement dialectique, le travail crée à la fois ce qu'il produit, mais crée également le producteur :

---

3 Karl Marx

> «En assimilant l'utilisation des outils (donc en travaillant), l'homme modifie ses mouvements naturels et instinctifs et il acquiert au cours de sa vie, des facultés motrices nouvelles et plus perfectionnées. Pour un individu, écrivait Marx, assimiler l'emploi d'un certain ensemble d'outils équivaut à développer un certain nombre d'aptitudes[4]».

Celles-ci devenant des vecteurs et des outils d'épanouissement et de créativité. Cette position a été reprise et développée par Vygotski dans le domaine de l'éducation où il démontre que les outils cognitifs ne préexistent pas aux apprentissages, mais que ce sont ceux-ci qui les créent.

> «De même que les moyens de travail modifient la "nature naturelle" (Marx) de l'homme, leur appropriation restructure ou structure radicalement le développement du psychisme et de chacune de ses fonctions, les instruments psychologiques ne sont pas vus comme des auxiliaires qui faciliteraient seulement une fonction mentale existante en la laissant qualitativement inchangée. Au contraire, l'accent est mis sur leur capacité à transformer le développement mental.[5]»

La créativité, donc l'épanouissement de l'individu, sera donc proportionnelle à la qualité et la complexité

4 Leontiev

5 Vygotski

des outils dont il aura appris l'usage et par là permis de développer chez celui-ci les aptitudes nécessaires.

Il ne s'agit pas ici de critiquer les loisirs qui peuvent fournir également des plages de créativité, mais il est probable qu'une société de loisirs telle qu'on nous la promet répondrait à cette prophétie d'Hannah Arendt.

> «On peut parfaitement concevoir que l'époque moderne — qui commença par une explosion d'activité humaine si neuve, si riche de promesses — s'achève dans la passivité la plus inerte, la plus stérile que l'Histoire ait jamais connue.»

> «C'est une société de travailleurs que l'on va délivrer des chaînes du travail, et cette société ne sait plus rien des activités plus hautes et plus enrichissantes pour lesquelles il vaudrait la peine de gagner cette liberté.[6]»

Il existe alors trois voies privilégiées pour faire du travail non seulement un outil de production économique, mais un outil de développement personnel :

- Ne pas considérer son travail sous l'angle exclusif des revenus qu'il génère, mais aussi comme un champ de possibilités d'expression et d'augmentation de son Être ;
- La recherche de la perfection, du «toujours mieux», quelle que soit la modestie des tâches ;

6 Hannah Arendt

- La recherche permanente de l'augmentation de ses capacités professionnelles, sans limitation d'âge, car les capacités cognitives sont les seules à ne pas diminuer (si toutefois on les sollicite)[7], le cerveau étant le seul organe à avoir la capacité de s'auto régénérer toute la vie.

Bien entendu, mettre l'accent sur l'amélioration de ses capacités professionnelles et sur la recherche de la perfection individuelle, n'exonère pas de l'attention portée à l'amélioration collective du milieu professionnel et social. Ce n'est pas une démarche individualiste.

---

7 On ne cesse pas d'apprendre parce qu'on devient vieux, on devient vieux parce qu'on cesse d'apprendre.

MÉCANISMES DE DÉFENSE

«Freud conseille de manière pressante de toujours commencer une thérapie psychanalytique par l'analyse de la répugnance et des résistances à se tenir entièrement ouvert à soi-même.[8]»

Cette citation peut paraître ici bien étrange alors que nous avons dit précédemment que le coaching existential n'a rien à voir avec une thérapie. Ce qu'il faut toutefois retenir dans ce texte est l'expression «ouvert à soi-même», qui rappelle Rilke : «rester dans l'ouvert».

Si nous avons fait une exception en évoquant ce mécanisme psychologique que sont les mécanismes de défense, en dépit de notre réserve quant aux démarches introspectives, c'est parce que nous les considérerons uniquement sous l'angle de défenses identitaires qui peuvent verrouiller une personnalité, la rendre incapable d'évoluer parce qu'incapable d'écouter, sinon exclusivement à travers le filtre de ce qui renforce ses défenses ou ne la menace pas.

Précisons qu'il ne s'agira pas, lors d'un processus de coaching, de combattre ou de contourner les mécanismes de défense, mais de les identifier afin de «séparer le bon grain de l'ivraie», le désir du «Je» authentique des désirs des «Moi» inauthentiques.

---

8 M. Boss

Les mécanismes de défense ont précisément la caractéristique d'avancer masqués et ce sont ces masques, ces faux «Moi» qu'il s'agit de débusquer. Bien entendu, ce n'est pas parce que l'on aura dressé une carte des défenses que l'on aura avancé dans la connaissance de soi, on aura simplement avancé dans la connaissance de ce qui peut empêcher ou freiner le processus existential.

Il existe une nombreuse littérature sur le sujet, ce qui nous autorise à ne l'aborder que très brièvement. Qu'est-ce qu'un mécanisme de défense? Rappelons que Freud est à l'origine de ce concept repris et approfondi ensuite par sa fille Anna. Ce concept a fait, par la suite et jusqu'à présent, l'objet de développements très riches et utiles dans le domaine de la psychopathologie, mais reste encore, à notre sens, insuffisamment exploité dans la sphère de la psychologie sociale et du travail.

Selon l'acception courante, freudienne, il s'agit *«d'une activité indépendante du Moi destinée à protéger le sujet contre une grande exigence pulsionnelle[9] »*. Sans contester cette formulation qui relève de la psychopathologie, nous nous bornerons, pour ce qui nous concerne, à évoquer uniquement les mécanismes de défense élaborés par le psychisme pour compenser une construction identitaire déficiente qui a altéré l'image de soi, et qui relève de

---

9 http://www.sospsychomotricite.com/mecanisme-defense-moi/

la « normalité » et non du pathologique. Dans cette optique, nous considérons que l'étiologie de certains mécanismes de défense est davantage liée aux troubles de la construction identitaire qu'une affaire pulsionnelle. Ainsi, nous pourrions reformuler à notre façon la définition des mécanismes de défense de la manière suivante :

> il s'agit « d'une activité indépendante du psychisme destinée à défendre le sujet contre une grande insécurité identitaire ou ontologique ».

Ces mécanismes de défense ont donc pour objet de protéger notre image de nous-mêmes, notre identité, particulièrement dans des circonstances susceptibles de la mettre en péril, cette perception du péril étant bien évidemment subjective et étroitement fonction de notre image de Soi. Ces mécanismes sont utilisés quotidiennement consciemment ou — le plus souvent — inconsciemment par tout le monde, à des degrés différents bien entendu. À titre d'exemple, citons brièvement les deux mécanismes les plus courants, la *rationalisation* et la *compensation ou surcompensation*. La rationalisation consiste à produire un raisonnement, une théorie, voire une idéologie au niveau collectif, visant à supprimer ou atténuer la honte (image de soi vis-à-vis d'instances extérieures comme le regard d'autrui, la pression sociale) ou la culpabilité (image de soi vis-à-vis d'une instance intérieure comme la conscience, le surmoi) que l'on ressent suite à un échec, une faute ou, le plus souvent, face à une impuissance.[10]

Ce mécanisme évite à l'individu de se remettre en cause, donc d'évoluer, de se corriger, de se perfectionner, en attribuant la responsabilité d'une situation problématique à l'extérieur de lui-même. (On dira également qu'il a un locus de contrôle externe). Il développera donc un «moi» irresponsable ou fataliste.

Il est amusant de noter que, bien avant l'invention de la psychologie, La Fontaine avait déjà décrit ce mécanisme dans sa fable *«Le renard et les raisins»*.

La *compensation ou la surcompensation* consistera à adopter un comportement totalement à l'opposé de la façon dont on se perçoit pour donner à l'extérieur une image de soi favorable. Dans les cas extrêmes, il s'agira de mégalomanie. Ce mécanisme a également pour inconvénient de ne pas inciter l'individu à évoluer, mais au contraire à essayer de forcer l'extérieur à changer son regard sur lui-même (par le mensonge et un exercice ou goût du pouvoir exacerbé) au lieu de se changer.

---

10 Vis-à-vis d'une impuissance, le mécanisme le plus répandu est le ressentiment, bien qu'il ne figure pas dans la nosographie des mécanismes de défense psychologiques. À cet égard, il serait grand temps de redécouvrir l'ouvrage de Max Scheler «L'homme du ressentiment» qui donne certainement la meilleure clé d'interprétation de nos pathologies sociales contemporaines et de la postmodernité.

En quoi cela nous intéresse-t-il ? Cela nous intéresse parce que beaucoup de nos « moi » inauthentiques relèvent de mécanismes de défense dont nous n'avons généralement pas conscience parce que nous les prenons pour une composante de notre personnalité. Une personnalité très en défense, parce que très fragile, va développer une « carapace caractérielle[11] » qui se caractérise par des comportements stéréotypés, figés et rétifs au changement et qui va surtout être plus réactive qu'active.

Le choix des idéaux du moi (comme la profession par exemple) de personnalités très en défense va être également orienté par ces « moi » inauthentiques et produire des effets pervers. Ainsi une image de soi détériorée produira chez un individu un Sentiment d'Efficacité (SEP) faible et la peur de l'échec qui en résultera pourra le dissuader de se fixer des objectifs ambitieux et de relever des défis personnels et professionnels qui auraient pourtant été à sa portée. Des personnalités dont le narcissisme[12] n'a pas été satisfait pendant l'enfance, donc d'une identité fragile, vont continuer au-delà de cette période à rechercher les renforcements positifs qu'ils n'ont pas eu. De ce fait, leurs choix d'idéaux du Moi vont se porter sur des objets d'identification à forte notoriété, non pas pour

---

11 Wilhelm Reich

12 Le narcissisme a une connotation péjorative. Toutefois, il est tout à fait normal pendant l'enfance et constitutif de la construction de la personnalité, c'est sa survivance au stade adulte qui ne l'est pas et provoque précisément des mécanismes de surcompensation.

leurs qualités intrinsèques, mais parce qu'ils désirent les renforcements positifs que ces modèles identificatoires reçoivent du fait même de leur notoriété. Ils désirent le désir qu'ils suscitent (René Girard). Ce processus est très fréquent chez l'adolescent qui s'identifie à des «idoles» très populaires, mais il devient un obstacle au développement personnel à l'âge adulte.

Notons également que des personnalités obsédées par la vertu et la morale sont très souvent des personnalités en défense qui font *«de leur faiblesse une vertu»* selon Nietzsche.

> «La perfection est une défense. Mettre la perfection entre soi-même et l'autre. Entre soi-même et soi-même[13]».

Ces mécanismes de défense vont donc se manifester sous la forme de «moi» défensifs qui se prendront pour le «Je», et c'est ce processus qu'il faut mettre à jour pour pouvoir l'enrayer.

Il est évident que plus une identité est fragile, plus elle va se défendre d'un extérieur perçu comme menaçant. La capacité d'écoute va s'en trouver fortement impactée puisque la personnalité va se protéger de l'extérieur jusqu'aux niveaux extrêmes de ce que l'on appelle le «repli sur soi», la «fermeture aux autres», une «attitude paranoïaque», etc. et développer des «moi»

13 Paul Valéry

qui deviendront des boucliers contre toute intrusion extérieure. Or, nous l'avons vu, c'est de l'extérieur et par l'extérieur que nous apprenons qui nous sommes et donc que nous pouvons évoluer.

CHAPITRE 6

Avant de se quitter

Notre conviction, nous l'avons dit, est que nous avons tous un chemin à parcourir, une destinée à accomplir. L'authenticité de celle-ci n'a pas à être mesurée à l'aune d'une quelconque renommée, nous n'avons pas besoin de rêver de devenir des Napoléon, des Marie Curie, des Picasso ou des Mère Théresa pour être assurés que nous avons pris le bon chemin. Charles de Gaulle disait,

> «Qu'un destin c'est la rencontre des circonstances et d'un grand caractère».

Heureusement, à une époque qui offre peu de circonstances permettant de révéler de grands destins sinon héroïques ou en tout cas historiques, la plénitude de l'Être peut être atteinte dans l'héroïsme d'une vie quotidienne sans relief apparent, tant privée que professionnelle. Qui sait même si le véritable héroïsme, le «grand caractère» d'aujourd'hui, n'est pas tout simplement de résister à ce qu'Heidegger appelle une existence soumise exclusivement au *«dévalement»*, au néant de la dispersion et du divertissement, à une *«quotidienneté déchéante»*, ce que Simone Weil appelle «la pesanteur» qu'elle oppose à la grâce?

> «L'"inauthenticité", est le fait d'un existant qui se comprend lui-même à partir de ce dont il se préoccupe et non pas à partir de son propre "pouvoir-être" fini, se laissant ainsi dominer par le "On", représentant l'expression de l'opinion moyenne. Seul le Dasein (l'existant) "résolu", peut échapper à l'emprise du "On", devenir lui-même, mais cette possibilité ne se présente pas comme un projet à réaliser, un "avoir à être" à la manière spinoziste dans l'ordre du temps vulgaire, mais comme un nouveau "mode d'être", une nouvelle manière de se tenir ou de se comporter, dans l'ordre existentiel où il est engagé, pour "ici et maintenant" dans sa tâche journalière, en réponse à l'injonction de la "voix de la conscience", d'être au clair avec soi-même, en voulant avoir conscience de cesser de se fuir, à ne plus se raconter d'histoire quant à sa propre vérité. Cet appel continu, énigmatique, et souterrain, transparaît dans des éclairs de lucidité[1], moments propices imprévisibles qui ne relèvent plus du temps aplati des horloges, mais du kairos,[2] du temps à saisir, du temps opportun[3]».

Les circonstances de la vie ne nous ont-elles pas permis de nous poser «les questions essentielles» en temps voulu? Pensons-nous qu'il est peut-être trop tard et que

---

1 Nous dirions de «résonance»

2 Le kairos est le temps de l'occasion opportune.

3 https://fr.wikipedia.org/wiki/Heidegger_et_la_question_de_l'existence

nous n'avons plus le temps, passé un certain âge ? Bien qu'il n'existe pas de raccourci pour ce chemin — sinon en se réfugiant dans les « paradis artificiels » —, nous ne le pensons pas. Ce temps « perdu » nous sera-t-il redonné dans un « ailleurs » ? Nous laissons à chacun ses convictions sur cet hypothétique ailleurs, mais, quoi qu'il en soit, nous pensons qu'il n'est jamais trop tard pour se mettre en route puisque c'est se mettre en route qui est le but de l'existence.

Rendez votre cœur attentif à vos chemins : vous avez semé beaucoup, mais récolté peu ; vous mangez, mais sans être rassasiés ; vous vous habillez, mais sans vous réchauffer; et le salarié met son salaire dans une bourse trouée. [...] Rendez votre cœur attentif à vos chemins.

Livre d'Aggée 1, 1-8

Index

T

V

W

Table des matières

Achevé d'imprimer par Corlet Numérique - 14110 Condé-sur-Noireau
N° d'Imprimeur : 128549 - Dépôt légal : mai 2016 - *Imprimé en France*

www.ingramcontent.com/pod-product-compliance
Lightning Source LLC
LaVergne TN
LVHW051354061026
849535LV00009B/3187

* 9 7 8 2 3 4 3 0 9 1 0 6 8 *